黄文山读史

黄文山 著

历史不忍细看

春风文艺出版社
·沈阳·

© 黄文山　2011

图书在版编目（CIP）数据

历史不忍细看：黄文山读史 / 黄文山著. — 沈阳：春风文艺出版社，2011.5（2025.5重印）
ISBN 978-7-5313-3860-4

Ⅰ. ①历… Ⅱ. ①黄… Ⅲ. ①中国 — 历史 — 文集 Ⅳ. ①K207-53

中国版本图书馆CIP数据核字（2010）第207303号

历史不忍细看：黄文山读史

责任编辑	韩忠良　姚宏越
责任校对	高　辉
封面设计	王薯聿
版式设计	马寄萍
幅面尺寸	170mm×240mm
字　　数	200千字
印　　张	12.25
插　　页	2
版　　次	2011年5月第1版
印　　次	2025年5月第5次
出版发行	北方联合出版传媒（集团）股份有限公司 春风文艺出版社
地　　址	沈阳市和平区十一纬路25号
邮　　编	110003
购书热线	024-23284402
印　　刷	三河市宏顺兴印刷有限公司

ISBN 978-7-5313-3860-4　　　　　　　　　　　　定价：49.80元

版权专有　侵权必究　举报电话：024-23284391
如有质量问题，请拨打电话：024-23284384

意高在别处（代序）

杨健民

黄文山是一位不甘寂寞的散文作家。

在读完他近期的一些作品后，至少我有了这样一种感觉。对于一位作家，尤其是散文作家来说，长期注目于一个题材疆域，会不会产生审美的疲劳呢？乐此不疲常常被看做是作家对于某个创作疆域的诗意的坚守，那么，随之而来的往往就是感觉的中断和思维的困顿。这么说，除了山水游记，文山究竟还愿意把感觉的触角伸向哪里呢？

《历史不忍细看》为文山争得了一个荣誉。其实更重要的是，文山获得了另一种散文思维的方式。文山陆陆续续写了一组"历史不忍细看"的文章，历史的机心在作家的文心之中有了一种令人"细看"并咀嚼回味的契合性。可能是出于个人的趣味，我认真读了这一组作品，我觉得文山大概是在寻找历史的一种基本的秩序。历史、历史人物，这些几乎是终极性的史书式的表述究竟还缺失什么呢？当文山把目光投向那里时，我意识到的确是有许许多多"不忍细看"的东西正冉冉地浮现。可以说，"不忍细看"为文山提供了一种特别的话语方式，也为文山挣脱他的固有的散文思维创造了一个新的价值判断和文学经验。

　　文山的游记散文敞开了他的心灵世界的诗意。从《四月流水》到《相知山水》，无论是对大自然的惊异或惊心，还是那种永远的感动，我觉得有一种力量是他的散文笔触所无法掩饰的，这就是山水给予他的严峻的生命意识。当然，我无法用一个简单的或者说是统一的概念去表述这种生命意识，山的奇崛突兀和水的一泻如注，这些诱人的亮点都可能在作家文本深处持久地闪烁。我在《密林中的海子》这篇散文里，注意到文山为静默的海子展开了一种"倾诉的欲望"。那种倾诉，"是关于生与死的对话，是关于现实和梦幻的交流，是关于昨天和今天的问答"，那满滩漫溢的、簇拥着环绕在行人身前身后的流水，正"快乐地轻轻地相互呼唤着，叫得人心里一阵阵温暖"。这种沉浸式的描写究竟是真实地创造一个梦幻般的世界，还是梦幻般地创造一个真实的世界，在我看来都是一种澄然的诗意。作家倘伴在那一片五彩斑斓的高原海子中，"一时竟觉得自己也成了一道流水，正静静地、平淡地、舒缓地走着自己的人生"。物我两忘，一直是游记作家们津津乐道的精神追求，文山也不例外，海子的静谧究竟能锁住他的什么感觉呢？——"这是一种出世的平静，是一种远离尘嚣的安详，是一种忘我的陶醉。静静地注视着雪峰和湖水，自然地便忘记了烦忧，忘记了纷争，忘记了荣辱，心田里也便湖波般安宁"。说实在的，这种描述尽管充满诗性，却仍然未能溢出自然给予人的最后的启示。对于文山来说，这批游记散文在经历了热闹之后，他还能够继续以那种平静的心态，去对待并思索历史和现实的最终的诗意吗？他还能够打开散文世界的另外一个洞天吗？

　　文山的视角终于转到了历史的背后。历史不是别的什么，历史是时间之轴。无论是历史，还是历史人物，数千年来已经构成文学的种种宏大的或者微观的叙事。文山正是站在这个时间之轴的某个点上，注视着这个时间之轴已经上演的故事。在这些宏大的或微观的叙事中，文山读出了几分含混和几分闪烁，他有理由为自己选择一种精神性的绝响和回声。回望历史，的确有许多片断是"不忍细看"的。冤屈的袁崇焕，不走运的李广，怀才不遇、性情孤傲的魏延，恃才傲物、自命清高的刘巴，甚至那位自觉"作令如啖瓜，渐入苦境"的袁中郎袁宏道，如此等等，文山所选择的这些"不忍细看"的历史人物和历史片断，究竟是史家的难言之隐，还是历史的一笔仓促的勾销？大处落墨的历史其实不是一笔糊涂账，为尊者讳，为名人遮，为君王避，为时政忌，这些都是史家的春秋笔墨。透过发黄的卷宗，我们还看到哪些鳞纹交错、瑕疵毕露的历史原形呢？文山有意选择了那些黑白难辨的时代的黑白不清的人物，这是文山的一种机智和题材策略。我是目瞪口呆地读着这些皇皇的历史片断，仿佛一夜之间看到了历史的全部机心和全部震颤，看到了历史曾经跳动的脉搏在今天仍然血脉贲张。"历史不忍细看，历史如何能够细看？"然而，当我读完最后一个字，一阵仰天长叹之后，等待着这些故事如何"哗"的一声退回历史的原处，却无论如何没能离开历史的那些严峻和重量。我想，这就是文山这一批历史散文的沉重的立意。

从平静地对待自然到冷静地对待历史，文山的散文思维拐过了几个精神的弯道。文山是个成熟的散文作家，然而寄情山水与拷问历史是完全不同的艺术感觉，这对于文山来说，无疑是一个严峻的考验。文山的精神量级最终要落在哪里？他的散文语境究竟还有多大的精神空间和余量？这些，都是作为一个成熟的散文作家所必须找到的立意。现在，文山毕竟为我们提供了这样一批历史散文，这表明，他已经一举挣破了散文的固有范式，并且开始纵横自如。文山能果断地抛弃游记散文的诗意吗？比如在他的山水游记中，不时喜爱嵌入一些排比句，这可以说是诗的句式为散文的借景抒情留下的一个席位；至少在文山的大部分游记散文中，这种句式的横陈构成了他的一种精神立意。诗意往往被视为散文的至高之境；但是在历史散文创作中，对诗意的追求便可能中断，抒情的爱好也便可能成为一种回忆。文山如何？在他的这批历史散文中，我的确没有看到过于臃肿和放纵的抒情句式。冷静和理性，使得他在对于历史片断和历史人物的描述中，坚决地摒弃了抒情，而骤然掉转身子把记忆的根源蜿蜒地植入历史的纵深或者某个痛处。英勇善战的李广屈辱地以自杀的方式了结自己的一生，留下的是千古绝唱还是千古遗憾？作

家理所当然地抑制了抒情的兴致，作了如此的表述："当李广的死讯传出，全军上下一片痛哭，老百姓无论是认识或不认识的都为他流泪。他们痛哭的自然不仅仅是李广的遭遇，而是一个黑白难辨的时代。"而让世人所不解的三国蜀汉的迅速败亡，其根本原因"就在于它不恤国力和民力的穷兵黩武"，然而，这一切又都是和诸葛亮的军事指导思想分不开的。诸葛亮不仅压制了朝中反对打仗的声音，而且严厉处置了消极厌战的李严等大臣，弄得满朝文武三缄其口。历史是这样告诉人们："恰恰是诸葛亮的战争思想将一个小小的蜀国长期绑在奔驰的战车上，并最终送进坟墓。"我确乎不能说文山的这些议论，在多大程度上对历史的深痛作出了具有震撼力的描述并提供某种奇异的启示，但令我感兴趣的是，文山的深度追索表明了一种穿透历史的努力，在那些历史片断和历史人物背后，隐藏着特殊的立意和历史的焦虑。

这是属于文山的立意。文山对于历史片断和历史人物的窥破，使得这些片断和人物本身的节奏显得凝重。这种立意与他以往的散文立意确实拉开了不小的距离；当然，文山并没有轻易地毁掉过去那种诗意的语境，而是为我们提供了一种历史的深层意识，或者可以说是一个充实的沉重。作为一种文类，历史散文所隐含着的深意的象征，在文山的笔下被触发了；而散文的本质并没有发生另一种意义上的畸变。散文就是散文，它所承载的历史和现实的分量还不可能击毁人们最后的精神欲望。这，就是文山的历史散文的别一种深意。

"历史不忍细看"——这个潘多拉的盒子一旦打开，就开始构成文山的历史散文的一个深度视角。对于一位不甘寂寞的作家来说，他当然有权改变自己的散文创作路线，然而这样的转折并没有改变作家昔日的语言方阵。这点无可否认：语言不仅意味着散文的话语策略，而且涉及他运用什么样的方式来为历史片断和历史人物塑像。我想，文山的这一批历史散文究竟在什么层面上让我们去谈论那些过去了的时代？这似乎又显得不重要；重要的是只有文山自己，能够对这个问题作出进一步的价值判断。那么，接下去我们还将看到他的什么作品呢？

意高在别处——我的确只能提供我自己的这一个浅薄的阅读解释。

目 录

001	意高在别处（代序）杨健民
001	历史不忍细看
004	没有运气的李广
007	谁杀害了岳飞
012	遭遇小人
017	王安石和他的变法同伴
021	一句话引发的灾祸
025	魏延之死
028	难以遮掩的战争阴云
031	名剑渊沉
036	南明史上的一段公案
039	王莽的儒家乌托邦
043	明珠造反
047	孙权放火
050	刘巴为何不受信任
053	被"埋没"的鲁肃
056	听袁中郎诉苦
059	一场由皇帝发起的造反运动

063	又聋又瞎的高令公
066	弯腰后的一击
071	王允其人
075	为自己掘坟
079	无所作为的孝宗皇帝
082	遭遗弃的战事
086	复台复复台
092	公无渡河
097	刺杀宰相
102	无敌舰队的覆亡
105	最优秀的将军和最糟糕的战争
109	秃发与蒙逊
114	削掉李元昊的鼻子
119	辽王朝的两位萧太后
122	西去的辽国
125	清流张佩纶
128	抬着棺木出访
132	最后的权力
137	一代完人
141	利剑高悬头顶的一族
144	丑闻缠身
149	刘裕的"使贪"法
154	血腥王朝
159	英雄末路
164	人为何亡
168	让人送命的"冷茶"
171	崔杼与庆封
174	以桃为剑
177	闽国春秋（上）
182	闽国春秋（下）
186	中国的几位太上皇

历史不忍细看

历史不忍细看。历史如何能够细看？一细看，便好比用高倍放大镜看美人，光洁圆润全然不见，入目但见鳞纹交错、毛孔贲张、瑕疵毕露。于是，历史在很大程度上只是大处着墨，更何况，还需为尊者讳、为名人遮、为君王避、为时政忌。因此，读史时，常常会读出几分含混、几分闪烁。那当然是史家的难言之隐。但其实那几分含混和几分闪烁中，往往藏着许多细节的真实。从大处着墨，当然可以一言以蔽之；为尊者讳，当然可以忽略不提。比如世传的诸多民族英雄们，历史记载的自然是他们精忠报国的正气歌。但对于他们性格的弱点乃至身上的瑕疵则一概抹去，把他们变成一个个完人。这不是历史的真实，却符合民众的感情以及时政的需要。

何妨细看一下，透过发黄的卷宗触摸一次历史曾经跳动的脉搏呢？

在明代被杀的边关守将中，袁崇焕的死大概是最冤屈的。他没有兵败失地之过，却生生被诬陷为叛敌，是引清兵破边墙进犯京都的罪魁祸首。这位因守宁远城两败清军而名声大噪的功臣死得很惨。他被绑到西市，没有一刀毙命，而是由刽子手从他身上一寸寸割下肉来，每割下一块，老百姓便争着用钱向刽子手买下，当场生生吞下，以视对其引狼入室的仇恨。最后，骨肉

俱尽，只剩下一颗头颅，被送往边关传视。凌迟之刑本来就够痛苦了，然而袁崇焕却眼睁睁地看着他冒着枪林弹雨拼死保护的京师百姓这样残忍地对待他，这样的痛苦，才是最最不能忍受的。

袁崇焕当然不该死，袁崇焕本来也不会死。虽说他是因为中了皇太极的反间计而被崇祯杀害，但细细检点，这个结果与袁崇焕的性格不无关系。

宁远城位于山海关和锦州之间，锦宁二地处于联结关内外交通的咽喉要地，自古以来为兵家必争之地。明朝先后调往该地区作战的有五十多名战将，其中不乏兵部尚书、大学士、总督等头衔的高级官员。而战功最显赫的当数袁崇焕。袁崇焕守宁远，两次击退兵力占绝对优势的清军的进攻，是立了大功的。努尔哈赤本人就是在宁远城下中炮受了重伤，以致不治身亡。有了这些资本，袁崇焕开始骄傲起来，目空一切，并且在崇祯皇帝和朝臣面前发表不切实际的言论，从而种下败亡的祸根。

崇祯元年七月，当清军大举进攻锦州时，皇帝召集众朝臣开会。皇帝忧心忡忡地问袁崇焕东方战事何时能了，袁崇焕居然十分轻率地回答：五年为期吧。没有一位朝臣相信袁崇焕的大话，但皇帝却大加赞赏。会后，深谙崇祯性格的兵部官员许誉卿郑重告诫袁崇焕，而袁崇焕依然漫不经心地说，我只是为了安慰皇上罢了。为了这句不负责任的大话，袁崇焕最终付出的何止是血的代价。

更有甚者，袁崇焕接着在朝堂上作出近乎跋扈的举动，逼着各部大臣在皇帝面前逐一表态，不仅要保障袁崇焕大军的物资供应，而且在用人调兵上一任所为，不得掣肘。这也就是他提出的要皇帝让他便宜行事，并且不许朝臣干预乃至议论。朝中许多大臣对袁崇焕借皇帝重用之机，要挟索需，得寸进尺，最后竟想钳制言官的所作所为大为不满。

果然，袁崇焕到前线不久，即以对宁远军队的粮草供应不足为由，下令逮捕巡抚毕自肃，当着将士的面侮辱他，毕自肃因害怕而自杀。逼死一位正二品的朝廷高官，只因为有皇帝撑腰，朝中大臣连一口大气也不敢出。

袁崇焕上任后，战事并未像他预言的那样顺利。他便想通过和议暂时中止清军凌厉的攻势。还在熹宗时袁崇焕便曾当过和谈代表，但他却忘了当今天子是一位刚愎自用而又敏感多疑的君主。和谈这样事关国体的行为可不属于边关大将"便宜行事"的范围。而这期间，又发生了他擅杀皮岛守将毛文龙的事件。皮岛位于鸭绿江口的海上，是明军从海上夹击清军的一个重要作战基地。皮岛的明军部队曾多次从侧翼对清军进行打击，毛文龙因此也成为清军的心腹大患。但毛文龙系无赖出身，桀骜不驯，又利用皮岛的独特地理位置从事商贩盈利，骄纵不法。袁崇焕于是乘上岛视察之机，以尚方宝剑当场将毛文龙诛杀。杀毛文龙固然是便宜行事，但事关前敌大将，而且，毛率领的皮岛部队又是牵制清军的一支重要力量。皮岛震动，清军大喜过望。再说，以毛文龙之罪，实在够不上砍头。崇祯皇帝看袁崇焕如此行事，心里不免害怕。而朝中大臣则议论纷纷。袁崇焕任性使气，殊不知已把自己一步步推向败亡的深渊。

皇太极正是利用了这一事件而施展反间计。一方面将袁崇焕议和之事大加渲染，广为扩散，并把杀毛文龙称为袁向清讨好的举措；另一方面，亲率大军绕道喜峰口，攻破边墙，直逼北京城下，致使京师上下震动，纷纷传说袁崇焕通敌。这时，生性多疑的崇祯皇帝再也沉不住气了，下令将袁崇焕逮捕，并立即绑往西市斩首。此时满朝文武竟然没有一个人站出来为袁崇焕说话。一代名将袁崇焕便这样成了一场特大冤案的受害者。

袁崇焕没有在强敌面前打过败仗，但他却败在自己狂傲不羁的性格上。

没有运气的李广

运气对一个人来说实在太重要了。

西汉元光六年（公元前129年）匈奴大军攻入上谷郡（今河北怀来），屠杀和掳掠当地官民。为了抗击匈奴，汉武帝起用了四位大将，他们是车骑将军卫青、骑将军公孙敖、轻车将军公孙贺、骁骑将军李广，他们各率一万骑兵从四个方向向匈奴发起进攻。这一仗，四将战果不同。卫青一直打到龙城，斩杀和俘虏匈奴七百人；公孙贺没有取得任何战果；公孙敖则被匈奴人击败，伤亡了七千骑兵；而李广则正面遭遇匈奴大军，在指挥部队突围的战斗中，李广身负重伤，被匈奴人活捉。匈奴人将他放在两匹马拉着的网里带回大营。李广假装昏死过去，乘敌人不备突然跃起，跳上匈奴士兵的马背，夺取敌人的弓箭，策马向南疾驰。匈奴人都领教过李广弓箭的厉害，谁也不敢追击他。但汉武帝对这次作战失利非常生气，下令逮捕公孙敖和李广，论罪当斩。最后，两人缴纳了巨额赎金才免得一死。

但第二年秋天，匈奴又大举进攻汉的东北边地，汉武帝重新征召李广任右北平太守，抵御匈奴。匈奴人特别畏惧李广，称他做"汉飞将军"，总是设法在战斗中躲避他。数年之间，匈奴人不敢进犯右北平。确实，论对边塞及敌情的熟悉，论指挥才能和武艺胆略，李广当居边将之首。然而，这位曾被汉文帝大大夸奖过的，认为如在汉高祖刘邦时代"封万户侯何足道哉"的飞将军，在对匈奴的出击征战中偏偏屡屡失利，始终功不成名不就。

李广生前就曾不平地对人说："自汉朝出击匈奴，我始终在军队的前列战斗。因出击匈奴获取军功而封侯者前后达几十人，我的功劳决不在他们之后，然而却没有尺寸之功得到封赏，这是什么原因呢？大概是命吧！"因此，时人以"飞将数奇"来形容李广的运气不佳。

比如元狩二年（公元前121年），汉军再分四路向匈奴发起进攻。李广率军深入匈奴腹地数百里，遭到匈奴左贤王亲自率领的四万骑兵围攻。李广摆开环形阵，匈奴骑兵箭如雨下，李广兵死伤大半，仍顽强坚守阵地，等待援军合击敌人。但援军却迟迟未到。为了稳定军心，李广亲自冒着箭矢，用"大黄"强弓连连射杀匈奴突将，匈奴人的攻势才被遏制。正在危急关头，博望侯张骞的大军终于赶到，匈奴人解围退走。但李广的士兵已经疲惫，无力再战，只能撤回，丧失了歼敌的好机会。战后，张骞因行军延误时间当斩，纳款赎罪，降为平民。李广功过相当，不给赏赐。

英勇善战的李广不但未能封侯，还屈辱地以自杀的方式了结自己的一生，留下千古遗憾，令人慨叹。

元狩四年（公元前119年）汉武帝决定再次向匈奴发动进攻，由大将军卫青和骠骑将军霍去病各率五万大军担任主攻，李广、赵食其、公孙贺等将都隶属卫青统辖。卫青在得知单于的下落后，决定自领精兵从正面追击，而命前将军李广和右将军赵食其合兵一处由东路绕进。李广向卫青请求说，作为前将军，我本来就是全军的先锋，而大将军却调我走东路，充当右翼。今天有机会与匈奴决一死战，请大将军允许我继续担当前锋。但卫青拒绝了李广的请求。此战，卫青捕杀匈奴一万九千人，还夺取了匈奴人大量储粮。然而东路军却由于没有向导，在大漠中迷失了方向，未能在约定的时间与大将军会击匈奴单于。卫青事后非常生气，不但派人调查李广迷路的情况，还要李广的幕僚到大将军处接受审讯。李广叹了口气，说："我从成年开始与匈奴

作战大小七十多次，如今才有机会与匈奴单于的主力决战，可是居然迷了路，这岂不是天意吗？我已经六十多岁了，不想再受那些军法小吏的质问。"于是拔剑自刎。

运气固然重要，但飞将军李广仅仅只是被运气捉弄吗？其实，明眼人都知道，汉武帝用兵肚里有一个小九九。皇亲贵戚率领的都是经过挑选的精兵锐卒，装备也格外精良，还配有熟悉地理环境的向导。而李广等诸多老将的部队无论是士兵的身体素质还是战马和兵器都赶不上他们，也没有向导。所以身为皇亲的卫青和霍去病千里出击，总是所向披靡，老将们则常常迷路、延误军机以致打败仗。还有一条，对于李广来说，似乎也很重要。这就是司马迁在《史记·李将军列传》的篇末中用寥寥数语描写他见过的李广："悛悛如鄙人，口不能道辞。"（憨厚得像普通老百姓，不善言辞）这应该也是他在官场上不得志的原因呀。像李广这样，外表既不出众，又不会花言巧语，更不懂得投机钻营，只是一味埋头实干的人，自然是吃不开的。再加上运气不佳，等待他的结局就可想而知了。退一万步说，即便李广运气不错，但仅凭军功就能做到仕途顺畅吗？恐怕也未必。就算能躲避身前的明枪也难防背后的暗箭，险恶的倾轧和争斗，老实巴交的李广哪里是他人的对手？可见古往今来，官场之道同此。

李广最后以自刎来结束自己多舛的人生，这也是他的性格使然。面对好大喜功的汉天子和如狼似虎的酷吏们，身经百战、不愿受辱的李广为自己选择了这样的结局。

当李广的死讯传出，全军上下一片痛哭。老百姓无论是认识或不认识的都为他流泪。他们痛哭的自然不仅仅是李广的遭遇，而是一个黑白难辨的时代。

谁杀害了岳飞

究竟是谁杀害了岳飞？

一千多年来跪在岳坟前的四尊铁人：秦桧夫妇、张俊和万俟卨，似乎已经告诉了人们答案。对于岳飞的死，他们当然难脱干系。但仅仅是他们四个人，就能置岳飞于死地吗？

处死岳飞，当然需要皇帝点头。杀害岳飞的人中宋高宗应该算一个。但高宗皇帝为什么一定要杀岳飞呢？

岳飞是南宋初年最杰出的抗金将领，在张浚、韩世忠、杨沂中、刘光世、岳飞五支抗金大军中，岳家军军力最强，纪律最严明，战功最显赫，是南宋王朝一道坚不可摧的长城。岳飞本人因累累战功加官至太尉、少保，是正一品的官员，在武将中军阶最高，位居三公之列。高宗皇帝更诏命他："中兴之事，朕一以委卿，除张浚、韩世忠不受节制外，其余并受卿节制。"兵权之重，天下无双。对于这样一位担负着南宋中兴重任的军事统帅，能说杀就杀吗？

那么，是什么时候，埋下了杀害岳飞的种子？它又是怎样发芽而后疯长的？

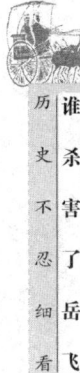

如果将南宋的朝堂比做一架天平,那么,主战派和主和派便是天平的两边。无论哪一派占上风,天平都会向一边倾斜。而宋高宗就是那只调节天平的手。和耶?战耶?始终是朝堂上争议最激烈的话题。当然,主战派砝码的分量还来自于在前线作战的几支部队。军事上的得失直接影响着宋高宗调节天平的决心和力度。岳飞显然已是天平上那枚最大和最重的砝码,主和派自然处心积虑地想把他去掉。但若仅仅以主战和主和两派斗争来反映南宋国内的政治态势就未免太简单一些。实际上,宋立国以来,就一直被一件国策所困扰,那就是如何安排军人的位置。宋的开国皇帝赵匡胤就是军人出身,而且是靠兵变夺取政权的。他深知军队的厉害,但他不学汉高祖刘邦滥杀功臣,而是设宴款待石守信等大将,宴饮之间,许以高官厚禄,然后要他们交出军队指挥权。这就是著名的"杯酒释兵权"故事。接着,他又制定了以文制武的文官管理制度。整个北宋期间,这个制度牢不可破。

但南宋一开国,情况就不同,高宗赵构刚登基就被金人撵着屁股打,一直跑到温州,还一度住在海船上以躲避金兵的锋芒。而手下的一班文臣只会跟着逃命,一点退敌的本事都没有。是岳飞、韩世忠他们打退了金兵,才使得南宋保有了长江以南的大片国土。但战争的狼烟并没有因此消散,金人的铁骑还在江北的大地上驰骋。由于南宋一直面对强敌的压迫,军人的作用便日显重要,军人的声音也逐渐由弱变强。但这显然与宋的立国制度格格不入。

宋设枢密院,为国家最高军事机构,知枢密院事一直由文官担任。其实,北宋的边关统帅也都由文官担当。比如,宋仁宗时,镇守西北防御西夏的两位统帅,一位是韩琦,另一位是范仲淹,时称"韩范",都是当时著名的文人。南宋沿袭旧制,仍然由文官指挥军队,并且每支部队的规模、编制,都有一定的限制。

岳飞独立成军时只有正兵万人,但在镇压太湖杨幺、钟相起义后,吸收了大批原起义军士兵入伍,军力大大增强,总兵力增至十万。这本来是件好事,但引起了朝廷的深度不安。朝廷诏令岳家军以"三十将为额",就是想以军官数量来限制岳家军的扩张。但随着岳家军不断打胜仗,队伍也在不断扩大，不久即增至八十四将，大大突破了朝廷的编制限额。因为宋高宗不吭气，枢密院对此也无奈何。

军队作战，需要征粮、筹款、派夫等后勤供应，因此，便要占有固定的防地，享有便宜处置管内行政、财政的权力。岳家军因为军队庞大，所管辖的州县比起其他部队自然要多出好几倍，而且岳飞作战区域随着战事推进还在扩展。加之幕僚队伍也在一天天扩大，大批读书人来到岳家军，他们为军队书写文书、布告、奏章，甚至参与谋划政治和军事行动。而这正是执政的文官集团最不愿看到的。这批读书人不但在文书、布告上激扬文字，借机宣泄自己的情绪，而且还处处臧否时政。岳家军的文告、奏疏常常引起朝臣们的强烈不满，但这些都被岳家军取得的一系列胜利而掩盖了。

一开始和岳飞发生冲突的恰恰就是主战派的重要人物张浚。张浚原为翰林院编修官，因勤王有功，且力主抗金，受到高宗皇帝的信任，迁知枢密院事，相当于今天的军委秘书长。他指挥全国的抗金军事行动，直接对皇帝负责。但知枢密院事只是个正二品的文官，而受他指挥的岳飞因军功赫赫已被皇帝拜为太尉，官居一品。将帅之间的关系便显得很微妙。绍兴七年（公元1137年）岳飞计划乘金人废刘豫之机，合诸将之兵北伐。皇帝亲自接见了他，赞许他的计划，并下诏，将王德、郦琼两支部队交由岳飞统一指挥。但张浚不想岳飞军力太扩张，想另外安排这两位将领，于是找岳飞商量。岳飞认为如果那样安排，恐怕两人不服。张浚当即变脸说："我当然知道，除非太尉（指岳飞）谁都不能胜任。"岳飞与张浚发生冲突，心情也很不愉快，当日便上奏章，要求解除兵权，回家为母亲服丧。张浚大怒，上奏说岳飞处心积虑一意想兼并其他部队，提出回家服丧，是对皇帝进行要挟。而秦桧在一旁也流露出"愤愤之意"。在皇帝的默许下，张浚不但坚持自己的安排，并且还派都督府参谋官张宗元担任岳飞军队的监军。这引起岳家军将领的强烈不满。岳家军主将张宪称病不理军务，其他将领如法炮制。而且"部曲汹汹，生异语"。这件事更增加了朝廷上层文官集团对武将的疑虑。岳飞被杀，秦桧便是从这里打开缺口，找到陷害他的理由。

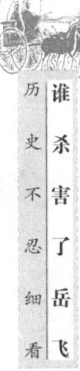

不久,郦琼叛变投敌,张浚引咎辞职,秦桧接任枢密院事,接着又担任了宰相。秦桧是主和派的领袖,受到高宗的信任,一直与金人周旋,力图创造和议局面。这样,一心想依靠作战收复河山的岳飞与秦桧之间不断发生摩擦。绍兴九年(公元1139年),当秦桧声言和议已取得进展,金人将归还南宋三京及河南之地时,岳飞上奏章反对说:"金人不可相信,和议不可依赖。相国(指秦桧)为国家谋划不善,恐怕为后世留下笑柄。"皇帝看了岳飞的奏章后,便将和议之事搁下,秦桧因此对岳飞恨得咬牙切齿。

绍兴十年(公元1140年)岳飞率大军北伐,郾城一战,消灭了金兀术的骑兵主力,接着又取得朱仙镇大捷。岳飞的部将梁兴会合太行山的义军收复被金人占领的怀州、卫州,切断了金人来自山东和河北的粮道,金人大为恐惧。岳飞认为这正是中兴的大好机会,对手下将领说:"直捣黄龙府,与诸公痛饮耳!"他打算乘胜前进,一举收复中原。然而,南宋朝廷上下对岳飞的胜利却忧心忡忡,秦桧让御史台的大臣轮番奏请高宗班师。岳飞也不断上奏,坚持自己的用兵主张。秦桧知道岳飞意志坚定,不容易改变主意,于是先令张浚、杨沂中率所部归还,然后对高宗说:"岳飞现在已是孤军,不可久留。"请高宗急令岳飞班师,并一连下了十二道金牌。岳飞抗争不过,悲愤地仰天长叹:"十年之功,毁于一旦!"岳飞大军返回庐州,所取得的黄河以北的州县又全部丧失。他心中十分不快,向朝廷提出解除自己的兵权,但不被允许。高宗让岳飞来见他,询问战况,岳飞却不想对他再说什么,两人见面的情形显得十分尴尬。

翌年,金兵入侵江淮,高宗急忙诏岳飞赴江州救援,岳飞却迟迟不肯发兵。他提出要乘金人后方空虚,准备直捣中原。高宗为此竟连下十七道指令文书,岳飞不得已才出兵救援。朝廷上下对岳飞的抗旨行为议论纷纷。而一直被胜利的光环笼罩着的岳飞哪里知道,自己率性的行为,已经种下了获罪的祸根。

宋高宗一方面对以岳飞为首的抗金将领优抚有加,勉励他们努力作战;而另一方面,又默许文官集团想方设法削弱武将兵权恢复传统体制。此时,在南宋的朝堂上，"文武之途若冰炭之合"。在文官们眼里，军队本来只是一架作战机器，不应该有自己的思想，不应该发出自己的声音，更不应该有自己的感情。而自说自话、不听招呼，总是特立独行的岳家军显然已经严重偏离了正统轨道，这当然是不可容忍的。宋金绍兴和议签订后，以秦桧为首的文官集团立即着手解决张浚、韩世忠、岳飞三人的兵权，将三支部队的指挥权直接收归枢密院。

这时的岳飞已经预感到祸之将及，日夜不安，心情十分沉重。他在一首《小重山》词中细诉自己的苦闷心绪："昨夜寒蛩不住鸣，惊回千里梦，已三更。起来独自绕阶行，人悄悄，帘外月胧明。　白首为功名。旧山松竹老，阻归程。欲将心事付瑶琴。知音少，弦断有谁听？"

但不等岳飞找到解脱的办法，在高宗皇帝的默许下，秦桧等一干人已迫不及待地对他下手了。

没有谁能阻止这一切的发生，因为在秦桧的背后，是整整一个王朝制度。

遭遇小人

公元1019年，在北宋政坛上三起三落、已经五十八岁的寇准再度出山，取代王钦若出任宰相，副宰相（参知政事）为丁谓。

寇准是陕西渭南人，出身世家，自小聪明好学。七岁时随父登华山，便留下了"只有天在上，更无山与齐。举头红日近，俯首白云低"的诗句，被称为神童。十九岁时，寇准中举，接下来要到京城考进士。此时的皇帝是宋太宗赵光义。坊间传说，赵光义选进士喜欢年长些的。因此，有人向寇准建议把年龄改大些，这样选中的可能性大。寇准却这样回答："我正要准备进取，难道就开始欺骗君王吗？"诚实、正直，贯穿了寇准的整个官宦生涯。由于他"守正嫉恶"，因此"小人日思所以倾之"。遭遇小人，对于寇准来说，也是极自然的事。

寇准刚直不阿的秉性是出了名的，有时在朝堂上议事，连皇帝老儿也敢顶撞。端拱二年（公元989年）的一天，寇准在朝堂上奏事，言辞十分激烈，宋太宗听着有些生气，几次打断寇准的话，但寇准不依不饶。太宗大怒，起身离座要走。寇准却疾步向前，一把拉住龙袍的衣角，硬是把皇帝拽回到座位上，自己坚持把话说完。朝堂上所有的大臣都吓得变了脸色，心想，这下寇准要吃苦头了。没想到，宋太宗坐下后，头脑冷静了许多，听完寇准的话，不但不怪罪他，反而大加表扬。宋太宗曾经发自内心地感叹，我得到寇准，犹如唐太宗得到诤臣魏征。不过尽管很赏识寇准的才识和品德，多次对他嘉奖升迁，赵光义却始终没有让寇准当上宰相。皇帝是担心寇准太过刚直，性子也太过火暴，难以团结群臣。

为了让寇准收收性子，太宗也曾几次将寇准贬官并外放，以示惩戒。有一次，寇准与同僚张逊在朝堂大吵，太宗龙颜大怒，当下撤了张逊的官职，同时也把寇准贬到青州当知州。但寇准走后，皇帝却时时念及，常常因为寇准不在身边而闷闷不乐。他问左右的侍从宦官："不知寇准在青州过得怎样？"宦官回答："青州是个好地方，寇准一定不会受苦的。"接着又说："您老人家这么关心寇准，终日不忘；可是寇准在青州整日饮酒作乐，哪里还会想念您呢？"可见就连皇帝身边的宦官也都不喜欢寇准。

一年后，太宗皇帝还是下决心召寇准回京，并让他担任副宰相。这时太宗正患着脚病，走路一瘸一拐的，见到寇准，他先告诉寇准自己的脚病，并不无埋怨地说："你怎么不早些来看看我？"显示他对寇准的亲热。寇准却不冷不热地说："皇上不召，我怎么好回来呢？"太宗发现，寇准的脾气秉性一点都没变。

太宗年事日渐增高，他心头最大的隐忧就是谁来继承皇位。此番太宗召回寇准，真正的目的就是想征求他对立皇太子的意见。寇准说："陛下选择的是可以副天下望者，知子莫如父，圣上认准了，就应该早做决定。"寇准的这番话，让太宗下了最后决心。一次，太子祭祀太庙回来，人们争相观瞻，赞不绝口："真是少年天子！"话传到太宗皇帝那里，他有些不高兴了，问寇准："现在人心都归顺到太子了，好像再没有我这个皇帝。"寇准却正色回答道："这正是国家社稷的福分。"太宗这才不说话了。

但是，不久寇准还是被太宗放逐出京城。这是太宗对他的第二次惩罚，起因还是他那耿直好辩的习性。当时，寇准为朝制规则与大臣冯拯当庭发生了辩论。寇准言辞尤为激烈。宰相吕端一向让着寇准，这次实在看不下去了，

劝寇准停止争斗。太宗也说："若廷辩，失执政体。"就是劝寇准停下来。可是寇准偏不听，"犹力争不已"，甚而要与太宗"论曲直"。寇准的言行深深刺伤了太宗的心，他失望地说："鼠雀尚知人意，况人乎？"

公元998年，真宗赵恒即位。他一向对寇准的人品才干十分看重，不但让他回到京城，还让他当上了宰相，朝中大事小事总要问过寇准才行。

宋真宗景德元年（公元1004年）九月，契丹大举入侵，边关一片告急。宋朝廷大为震动，真宗召集群臣商议对策。参知政事王钦若与陈尧叟等大臣请真宗迁都金陵（南京）或成都以躲避契丹锋芒。主战派代表、宰相寇准批驳了王钦若的建议，在大将高琼的支持下劝说真宗亲征契丹。寇、高二人随真宗皇帝北渡黄河，到澶州前线督战。真宗亲临前线，宋军士气大振，加之各路援军陆续到来，契丹大军不敢轻易开战。真宗索性把军事指挥权交给了寇准。寇准号令严明，士兵们又害怕又高兴。不久，一支数千人的契丹骑兵逼近澶州城下，寇准下令出击，宋军人人争先，大获全胜。两军相持不下，于是重开谈判。契丹要求割让关南土地，真宗表态不能割让土地，但可以给财物；寇准则主张不但土地、财物一概不给，还要契丹称臣。在和战抉择的关头，真宗露出了他软弱的本性，同意每年给契丹银十万两、绢二十万匹，双方订立盟好合约，建立通使、通商关系，历史上称为"澶渊之盟"。

自澶州前线回到京城后，寇准在朝廷中声望益隆，真宗也特别倚重他。王钦若深为嫉妒。有一天会朝，寇准有事先退，真宗目送寇准离去。王钦若借机进言说："陛下这样敬重寇准，是因为他对社稷有功吗？"真宗说："那当然。"王钦若说："兵临城下而订立盟约，《春秋》以为耻。澶渊的事，以天子的尊贵之身而订立城下之盟，还有比这更耻辱的吗？"真宗一时脸色大变。王钦若又说："陛下听说过赌博吗？赌博的人在快要输光的时候，把自己所有的本钱都押上，这就叫'孤注一掷'。陛下，当时你就是寇准的'孤注'，不知有多危险。而陛下居然还认为寇准有功于社稷呢！"听了王钦若的一番话，真宗想起自己几乎是被寇准逼着上前线的，额上不禁冒出冷汗。皇帝从此不再亲近寇准，最后还找了个借口，将他降为刑部尚书，出任陕州知州。

寇准一生遭遇多个小人，受到多次排挤，宦海几番沉浮，但给他最沉重一击的还是丁谓。

丁谓是宋太宗淳化三年（公元992年）的进士，才华出众，记性过人，一篇千把字的文章，只要默念几遍，大体就能背诵下来。而且，他为人乖巧，特别善于借风使舵。一开始，寇准也很赏识他。寇准还在任枢密副使时就曾经向当时的宰相李沆推荐丁谓，但李沆不予任用。寇准问李沆为什么。李沆说："丁谓确实有才能，但看他的为人，可以让他在众人之上吗？"寇准反问："可是像丁谓这样的人，相公能永远压着他使其位居众人之下吗？"李沆笑着说："日后你会想起我说的这句话。"寇准却不以为然。丁谓因为寇准的赏识，逐渐通达显赫。他虽然与寇准同列相位，但对寇准倒是一直毕恭毕敬。

应该说此前两人关系还算不错，可是，当丁谓开始进入权力中枢，寇准就感觉不对劲了。两人间的恶隙发生在一次中书省府中的宴会上。当时，寇准的胡须上不小心沾了些菜汤，丁谓连忙起身，掏出手巾要为寇准擦拭。寇准笑着拒绝了："参政是国家的大臣，怎么能给上级擦胡须呢？"寇准当着众官员的面说出的这番话当然是有所指的，因为丁谓的善于花言巧语、溜须拍马的行径已经很让寇准不满。丁谓满脸惭愧，口中诺诺，但心里已埋下仇恨。

在朝廷百官中，丁谓的本领确实不小，而且每每被皇帝相中。真宗皇帝即位，丁谓担任三司使（财政部长）。这年春节前夕，天降瑞雪。真宗高兴极了，当即组织大臣开了一个踏雪诗会。踏雪归来，他依然兴致不减，于是吩咐，赏给三司使以上的官员每人玉带一条。可是府库里只有七条玉带，应得赏赐的大臣却有八位。宦官忙去报告真宗，不久，又托出了一条精美的玉带。原来，真宗皇帝今天是太高兴了，把自己的玉带都解下来了。丁谓负责分发玉带，他将皇帝的玉带留下，吩咐随行官员说："七条玉带颁给七位大臣，我自己有玉带，就不领赏赐了。"当玉带回到真宗皇帝手里，又听了宦官转达的丁谓的一番话，真宗为丁谓的忠诚无私感动得眼角发涩，不仅亲自将玉带送到丁谓手上，还擢拔丁谓当上了参知政事。

丁谓报仇的机会很快就到了。

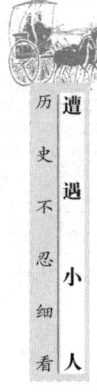

真宗皇帝患了小中风，政事多取决于皇后。寇准深感忧虑，于是劝真宗考虑国家宗庙的重要，让皇太子早日代理国政。真宗认为寇准说得对。于是寇准就密令杨亿起草表书，请皇太子监国。这件事很快就被丁谓知道了。过了不久，真宗的身体有了好转，丁谓抓住这件事做文章，在真宗面前极力说寇准的坏话。真宗也记不得自己在病中和寇准说过这样的话，一气之下，罢免了寇准宰相的职务，让他担任太子太傅。

但丁谓并不就此罢休。他利用宦官周怀政参与策划皇太子监国一事，与皇后密谋，让皇帝诛杀周怀政，同时罢免朝臣中所有与寇准关系密切的人。寇准再次被贬，在丁谓的坚持下，这次竟被贬到十分偏远的湖南道州担任司马。而丁谓则借此登上了权力的巅峰。

真宗皇帝病体趋重，一天忽然想念起寇准来，问左右大臣："为什么好久没有看见寇准了？"或者是大家都畏惧丁谓的威权，或者是有人也不乐意寇准回朝，总之，没有人回答真宗的话。

而丁谓一心一意想要寇准死。趁真宗病逝、新皇登基，朝廷处于忙乱之际，他密派宫中使臣送敕书到寇准处敕死。使者到道州，宣布朝廷命令，众人一片惊慌。寇准当时正在堂上喝酒，他已经习惯了放逐生涯。突然见到朝廷使者，他知道自己大限已到，但仍神色自若。他下阶看完敕书后，继续入座饮酒，直到天黑，才微笑着从容与大家诀别。

一代名臣终于在小人们的重重阻击下轰然倒下。

王安石和他的变法同伴

熙宁九年（公元1076年），王安石被第二次罢相。在谪居南京的日子里，气愤难平的王安石每天不断地在纸上写着"福建子"三个字，究竟是什么，让他对福建人抱有这样大的成见呢？

其实，就在几年前，簇拥在王安石身边的还都是福建人。在他的政治生涯中，无论兴衰荣辱，似乎都离不开福建人。他是福建籍的当朝宰相曾公亮极力推荐给宋神宗的。而他推行新法，破格擢用的也大多是福建人，如：吕惠卿、章淳、蔡确等等，都是从低品官一跃而成为朝廷要人。为了避免权臣掣肘，使新法能顺利推行，在韩琦卸职后王安石又向皇帝推荐陈升之继任宰相（同平章事），陈升之也是一位福建人。神宗朝的朝纲，一时竟为福建人所把持。

按说，王安石的人品是不容置疑的，还在他年轻时就博得了好名声。否则，神宗皇帝也不会在朝廷内外的一片反对声中坚定不移地支持王安石变法。可是，为了推行新法，同时也为了这几位支持他变法的同伴，王安石却不惜得罪过去的好朋友。他先后罢免了司马光、苏轼、苏辙、富弼、文彦博等一批朝廷重臣的官职，只因为他们反对推行新法，而且还对他的几位变法伙伴

说三道四。

变法改革让神宗朝成了一言堂。对实行新法的态度决定了大臣们的政治命运。朝堂之上的不同声音也由大变小，乃至渐渐式微。此时的王安石仿佛变了一个人，一反过去的儒雅谦和而变得志骄气盛、严厉峻刻。苏轼就曾因为写诗讽刺新法而被下狱过。而一声变法，却给一群野心勃勃的年轻人创造了最佳机会，他们在朝堂上极其活跃，呼朋唤友，排除异己。

但是新法在强力推行中仍不断受到批评，尤其是当郑侠将老百姓被横征暴敛的愁苦情景绘制成《流民图》送给神宗皇帝御览时，神宗皇帝观图长叹，夜不能寐。在朝堂上，他将《流民图》递给王安石，问他："你认识郑侠吗？"郑侠也是一位福建人，而且一直受到王安石的器重和奖掖。郑侠内心十分感激王安石，想以忠诚报效朝廷。他曾几次向王安石呈报青苗、保甲、市易诸法对百姓的侵害，但王安石都置之不理。郑侠不得已根据自己亲眼所见绘制了这幅《流民图》。面对皇帝的质问，王安石无言以对，于是要求辞去参知政事，但他又请求由韩绛和吕惠卿代替自己的职务，以求维护新法的继续推行。

吕惠卿原本只是一个小小的真州推官（法官），列八品。为了谋取政治前程，他特地到汴京拜见王安石，几句话就得到王安石的赏识。不久，王安石向神宗皇帝推荐说："吕惠卿的贤能，不仅在今天，就是古代的大儒也比不过他。"于是，吕惠卿被破格重用为王安石的助手，变法中事无大小，两人总是一块商量，而一应奏章更全都出自吕惠卿的手笔。司马光曾这样向皇帝评说王安石和吕惠卿，他说王安石是好人但刚愎自用，不了解世事。吕惠卿出谋划策，而王安石则力行之。神宗皇帝说听吕惠卿讲话，条理清晰，像是一个优秀人才。司马光却回答：吕惠卿虽有才干但用心不正，愿陛下慢慢观察。司马光甚至还写信给王安石说：那些当面巴结你奉承你的人今天可能让你感到顺心愉快，可是当你一旦失势，他们是一定会保自己而把你出卖的。王安石看到信很不高兴。直到后来被吕惠卿诬陷，想起司马光的话才痛悔不已。

吕惠卿已经将自己的政治生命和变法紧紧地绑在一起。当他掌握大权后，一方面继续加大力度推行新法，另一方面则更加严厉地打击反对新法的官员，首先罗织罪名将郑侠投入监狱，后来，又把黑手伸向王安石集团的重要成员，设法排挤走曾布、冯京和王安石的弟弟王安国。因为吕惠卿现在是变法的既得利益者，因此格外害怕王安石回来。他上书向神宗皇帝提出宽赦王安石之罪，让王安石出任节度使。这引起神宗的警惕，问他：王安石去相本来就没有给他定任何罪，何故要用赦免来为他复官呢？吕惠卿不能回答。韩绛见吕惠卿手段十分毒辣，而且很快就要向自己下手，于是秘密求见神宗，请求让王安石回来。神宗同意了，王安石奉诏日夜兼程赶回京都，吕惠卿得知消息，一时惊得目瞪口呆。

王安石复相，准备继续他的变法大业，却万万没有想到，不久竟由于吕惠卿的揭发，再次被罢相。吕惠卿所提供的王安石的两封书信是致命的，其中一封上有"无使上（皇帝）知"这样的大逆不道的话。神宗将信件让王安石自己看，王安石有口难辩，他知道皇帝对他已经不可能信任了，于是只能再次辞去相位。吕惠卿也因这种小人的卑劣行为而被永远钉在历史的耻辱柱上。但王安石的政治生涯和他的变法宏图却至此了结。

王安石变法的后台是宋神宗。神宗皇帝登基时年仅二十七岁，他渴望像汉武帝、唐太宗那样干一番惊天动地的大事业，因此，急于罗致经天纬地的人才。对王安石的道德才干，他早有所闻，于是下令召见他。神宗问王安石：治国以何为先？王安石答说：首先是选择走什么样的道路。神宗问他汉武帝、唐太宗怎样？王安石回答：陛下您应当效法尧舜，尧舜的治国之道简洁明了，也最容易做到。神宗说，唐太宗有魏征辅佐，刘备得到诸葛亮，然后才有作为。可是魏征和诸葛亮这样的人才不是任何时代都能出现的。王安石却说，魏征和诸葛亮其实没有什么了不起，关键是您自己要像尧舜，那么，天下的人才就会聚集而来。一席话，说得神宗心怀大开，下决心重用王安石。

那些年，天灾不断，地震、洪水频频发生，但国用严重不足，救灾款常无从落实。神宗皇帝一筹莫展。为此，神宗询问大臣们，如何才能增加收入、充盈国库，这引发了朝堂上王安石和司马光的激烈争论。王安石认为，国家财用不足，是因为没有找到善于为国家理财的人才的缘故。司马光说，所谓

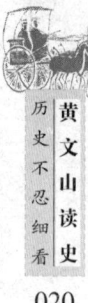

善于理财还不就是向百姓多收税吗？王安石说，善于理财的人，不增加赋税便能使国库充盈。司马光却不以为然，他说天下哪有这样的道理，财物都是人民生产出来的，官府不设法盘剥人民，又如何增加收入？这都是当年桑弘羊欺骗汉武帝的言论。

尽管大多数朝臣都倾向司马光的意见，但神宗还是决心变法。因为王安石告诉他，变法不仅能增加国用，而且能让他成为一代伟大的君王，从而彪炳史册。于是他把全部希望都寄托在王安石身上。可是，围绕着变法的一个个人物，却又令他感到失望。如果说郑侠的《流民图》只是让他对新法的实施产生疑虑，那么，吕惠卿所提供的王安石亲笔书信，则是冲他当头一瓢冷水。于是他将变法的决心和雄心与王安石一干人一起放逐。

公元1085年，神宗皇帝在忧愁中去世，皇太子赵煦继位，年仅十岁。高太后垂帘听政，陆续起用司马光、吕公著、文彦博等旧臣，商议废除新法。

得知神宗去世，被罢官十五年、客居洛阳的司马光入京奔丧。百姓看到司马光的车子，竟然自发地夹道欢呼："先生不要再回洛阳了，留在京都辅佐天子，让我们百姓活命吧。"司马光吓得赶紧掉转马头返回洛阳。不久，高太后果然拜司马光为相。同年，"保甲法""方田法""保马法"即被废除。

当听说新法被彻底废除，王安石黯然神伤，不久就离开人世。只是他至死闹不明白，变法本是富国强国的好事，为什么老百姓不喜欢，而那些争名逐利、狗苟蝇营的小人们却都奔着它来了呢？

一句话引发的灾祸

赵普是宋王朝的第一位宰相，帮助宋太祖赵匡胤夺取天下、整军治国、指陈方略，立下汗马功劳。陈桥兵变让后周殿前都点检（禁军统领）赵匡胤黄袍加身当上大宋皇帝，作为赵匡胤的掌书记官（秘书长），赵普是这一事件的主谋。他策划周密，不露痕迹，使得原本定然血肉横飞、人头落地的一场兵变，演成了和平禅让的一幕。这不能不称道他高超的政治才能。

赵匡胤视赵普为左右手，朝中无论大小事都要问讨他。赵匡胤南征北战，伐西蜀、灭南汉、平江南、收吴越，战功赫赫。而这一系列胜利与赵普的运筹帷幄是分不开的。特别是为了巩固宋朝政权，赵普替太祖制定了以文制武的国策，比如收兵权就是赵普的主意。

当初，石守信等大将因为拥戴太祖登基，受到太祖的信任，被任命为禁军统领。但赵普觉得不妥，建议太祖从他们手中收回兵权。太祖接受了他的意见，于是，便有了"杯酒释兵权"的故事。石守信等几位大将在太祖的酒宴款待中自愿交出兵权，换取安度幸福晚年的许诺。接着，太祖又解除了一批原后周时期的老将所担任的节度使职务，同时选用文

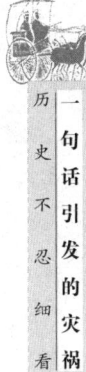

官担任知州，统一掌管一州的军政大事。赵普还制定了"更戍法"，让士兵定期换防，使得将领不能专有其兵。这一系列措施虽然从根本上防止了军人政变，加强了王权，但却大大削弱了宋的军事作战能力。当受到强敌入侵时，其弊端很快就显露出来。后来宋与西夏和辽的战争，宋军屡屡失利，与这项国策不无关系。

赵普以其卓越的政治才干，得到太祖和太宗皇帝的信任，先后担任两朝宰相达十二年之久。

但赵普读书很少，曾闹出不少文字上的笑话，宋太祖常常因此劝告他。要是说他一本书也不读，那也不合实际，因为赵普的床头上总是摞放着一叠《论语》，每天即使公务再忙也要读上几段，几十年下来已背得滚瓜烂熟。他曾得意地对宋太宗说："臣有《论语》一部，以半部佐太祖定天下，以半部佐陛下致太平。"但宋太宗却不以为然，而且不久就罢免了赵普的宰相职务。这当然不仅仅是因为赵普文化水平不高，实在是因为朝野上下对他的议论太多了。

太祖对开国功臣们并不放心，往往不打招呼就到他们的府邸造访，想知道下朝后他们都干些什么。赵普家更是常去。所以赵普每次退朝回到家后不敢立即更换朝服，还嘱咐门下注意观察皇宫动向。但就是这样，还是出了纰漏。有次吴越王钱俶派人送来一封信和十只贴着海产标签的大瓶子，放在廊下，还来不及收起来，太祖的车驾突然到了。太祖指着瓶子说，吴越的海产一定不错，打开来看看。结果，盖子打开，里面装的却都是黄灿灿的瓜子金。赵普吓坏了，说我真不知道里面装的是什么。太祖讪讪地说：没关系，你就收下吧。他们大概以为国家大事都是由你这位书生做主的。太祖还算宽宏大量，高官们若仅仅是贪些金银财宝，也就不太追究。

赵普虽然功劳很大，但由于过于专权也得罪了不少大臣。他敢说话并坚持自己的看法，却又为人峻刻，妒贤嫉能，容不得别人比自己强。致使朝中许多大臣看到他就心寒彻骨。

一次，太祖赵匡胤在赵普面前称赞枢密直学士冯瓒很有学问，是当世罕有之奇才。赵普听后不做声，心中却十分不快。时值后蜀刚刚平定，急需派官吏前往治理。赵普于是让冯瓒出任四川梓州知府，同时派亲信随冯瓒前往，秘密观察冯瓒的行动，暗地里搜集他的过失。一年后，赵普的亲信偷偷跑回京城，诬告冯瓒等官员集体受贿。冯瓒立即被押送回京审问。赵普原想将冯瓒等人处死，由于太祖不忍，最终将其革职流放。这件事在朝野引起强烈不满，大家都认为赵普心胸过于狭隘，下手实在太狠。仅仅因为一句话，就策划出这样一场冤狱。朝中的议论自然传到太祖的耳中，太祖开始对赵普产生了疑忌。

这时又发生了大理寺卿雷德骧因受人诬陷而被革职流放的事。德骧的儿子鸣鼓申冤，太祖下令调查，案件涉及一大批官员，最后又牵连到赵普。太祖对赵普的所作所为十分反感，先是让参知政事吕余庆和薛居正分去赵普的权力，后来干脆罢了他的相位，直到太祖去世都不再召见他。而因为冯瓒的冤狱，太宗继位后也不想再起用赵普。

赵普被罢官后，心情一直十分郁闷。五年后，他终于等来了一个机会，参与密告秦王有谋逆举动，重新获得太宗的信任。因为按照皇太后和太祖当年的盟约，赵匡胤百年之后传位于赵光义（即太宗），而赵光义则应该传位于赵光美（即秦王）。这是赵普当场记录下来的。赵匡胤倒是履行了诺言，可是轮到太宗则于心不甘，但又找不到好的借口。所以，当太宗就如何传位的问题征询赵普意见时，赵普却这样说："太祖的传位已是一个错误，陛下岂能再犯同样的错误？"一句话让太宗龙颜大悦。

不仅如此，他还查访到宰相卢多逊秘密结交秦王的事实，成功地排挤掉这个多年的死对头，终于又一次登上权力的宝座。但他在朝中的声誉也因此降到了冰点。赵普不知道收敛，竟还得意扬扬地对太宗说了用"半部论语治天下"的大话。然而，他没有想到的是，这次他只是太宗皇帝手中的一枚过河棋子，用过之后就已经没有太大的价值了。很快他就又被罢去相位。不过，太宗倒是给了他十分体面的台阶，赐宴长春殿，并作诗为他

钱行。

  一代权相赵普就这样流着眼泪恍恍惚惚地离开了大宋朝的权力中心。真乃一句话引发的灾祸。

魏延之死

在蜀汉后期的将领中，魏延是最不可忽略的一位。当时，先主刘备和他麾下五虎大将中的关羽、张飞、黄忠、马超先后死去，而赵云年事已高，蜀国兵少将弱的劣势凸显了出来。诸葛亮却坚持北伐，认为只有采取以攻为守的战略，才能保全蜀国。于是，驻守在蜀国最前线的汉中太守魏延受命率部加入北伐的队伍，并充当全军的前锋。魏延的军事才能也在这场战争中得到进一步展示。他率军大破魏将郭淮，取得战争初期的一系列胜利。魏延因此晋封南郑侯并被任命为征西大将军，成为诸葛亮的重要军事助手。

其实，刘备早就看中魏延的才干了。当他夺取蜀刚刚建立政权时便提出要选拔一位重将镇守蜀的北面门户汉中，大家都以为一定是张飞，张飞自己也认为非他莫属。然而，出乎群臣们的意料，刘备竟将镇守汉中的重任交给了当时还默默无闻的魏延。为了让大家相信魏延的胆识和才干，刘备特地在群臣大会上当众提问魏延："我把守汉中的重任交给你了，你打算怎么干呢？"魏延回答说："如果是曹操自己带天下兵马来，我为大王您抵挡他；但如果只是偏将带十万军队来，我就为大王您吞灭了他们。"这一席豪言壮语不仅令刘备十分满意，同时也博得满堂喝彩。

魏延担任汉中太守整整十年。这十年间，他修筑城防、整饬军备、劝农兴商，百姓乐业、士民安居，汉中被治理得井井有条，军锋锐利、百业兴旺、府库充盈。惮于魏延之威，汉中尽管处在蜀国的前沿，魏军却始终不敢来犯。

魏延平时关心百姓、善待士卒，汉中军民都很拥护他。然而诸葛亮却不喜欢魏延，尽管这位前军主将不仅勇猛过人，而且善于韬略。诸葛亮每次进军，走的都是斜谷大道，而魏军则在祁山一带重兵布防，战事常呈胶着状态，蜀军进展缓慢。作为前锋的魏延很着急，曾经多次向诸葛亮建议，从子午小道偷袭长安。当时魏国镇守长安的夏侯楙，是曹丕的女婿，年轻又没有实际作战经验。于是魏延提出由他亲率五千精兵，循秦岭向东，经子午谷，不过十日即可到长安。夏侯楙没有准备，一定惊慌逃跑。等到魏国其他援军到来，还要二十天。而这么长时间，从斜谷进发的蜀国大军足够到达长安。那么咸阳以西可以一举平定。但诸葛亮认为这样做太冒险，始终不予采纳。魏延因此常常感叹自己的才智得不到发挥，十分郁闷。

诸葛亮不太喜欢的还有一位杨仪，位居丞相参军长史，也就是秘书长。杨仪也是一位杰出的干才，曾经跟随关羽参赞军务。一次关羽派他到成都向刘备汇报荆州军情。刘备听他谈论军国政策和政治得失，大为赞赏，不久，调他担任自己的参军。由于刘备的关注，杨仪仕途顺畅，不断受到提拔。杨仪精明干练，尤其在军队后勤保障方面，思虑精密，调度有方。就连行军布阵，诸葛亮也要与他商量。在整个北伐战争中，这一文一武两位可以说是诸葛亮最重要的助手了。但杨仪和魏延一贯不和，一个心胸狭窄，一个性情孤傲，两人相处有如水火。这两人间的矛盾闹得连吴国的孙权也知道了，一次孙权借酒醉对蜀国使者表示了他的担心。而诸葛亮却偏偏要把这两个人放在一起使用，也许，这便是诸葛亮的用人艺术和高明之处。

诸葛亮最喜欢的有两个人，一个是马谡，刘备曾经告诫过他，此人夸夸其谈，不可大用。但诸葛亮却用了，而且是大用，派他镇守蜀军生死要道街亭，因街亭失守，被他挥泪斩了。死了马谡，诸葛亮又得了降将姜维，这也是他十分喜爱的少年将军，把他作为接班人来培养。十几年后，姜维掌握了蜀国的军事大权,重新开始北伐,最终把蜀国拖入万劫不复的战争深渊。

公元234年,诸葛亮在五丈原去世,按例应由魏延代行军事指挥权,魏延也做好了军事进攻的准备。但杨仪根据诸葛亮的临终安排,发布命令,全军退回剑阁,并要魏延断后。魏延不愿接受这样的安排,更不愿听从杨仪的调度。他向杨仪派来的联络官发牢骚说:"丞相虽然去世,我还在,我可以统率部队继续作战,怎么能够因为一个人的死而废天下大事呢?况且我魏延是什么人,要听杨仪指挥,为他断后?!"

杨仪不顾魏延的反对,指挥大军撤退;而魏延则作出了他一生中最不理智的举动,率领本部军队,先行占据南谷口,不让杨仪大军通过。为此,魏延和杨仪各自向后主上奏章,声称对方反叛。双方互不让步,而此时朝中的大臣们大都站在杨仪一边。后主的态度最终决定了魏延的命运。杨仪的部将何平向前斥责魏延说:"公(诸葛亮)尸骨未寒,你们怎敢作乱?"魏延的部下都不愿自相残杀,纷纷逃离战场。魏延此时方寸已乱,丢下部队,只带着少数几个人向汉中逃去。杨仪派大将马岱追击,从身后斩杀了魏延。

一代名将魏延就这样屈辱地了结了自己的生命。而杨仪的命运并不比魏延好多少。当他得意扬扬地回到成都,以为会被朝廷委以重任。但后主根据诸葛亮的临终嘱咐,只是给了他一个中军师的虚职,不带兵也不具体管事,而将国家军政重任交给了蒋琬。蒋琬虽然也是秘书出身,但入仕比杨仪晚,才干也不如他。杨仪因此大为不满,说出许多不该说的话,经人举报,被废为民,最后自杀身亡。其实,他们二人的命运,都是诸葛亮生前就安排好的。一心想挣脱命运缰绳的魏延,最终还是落了个身败名裂的下场。

难以遮掩的战争阴云

在历代史籍的描述中,三国蜀汉的灭亡简直有点莫名其妙。公元263年,司马昭想要大举进攻蜀汉,朝臣们多数认为不可以,只有钟会积极赞成。于是司马昭任命钟会为镇西将军,在关中训练军队,准备图蜀。当年八月,钟会率十五万大军进入汉中,但被蜀军阻挡在剑门关外。魏军缺乏粮食,打算暂时退军。这时征西将军邓艾提出了用少量奇兵突袭成都的设想。他亲率少量精锐部队通过险隘的阴平小道,翻越大山,凿石开道,历尽艰辛,抵达江油城下,蜀军守将不战而降。蜀后主闻报,命诸葛瞻率领七万大军迎敌,在绵竹与邓艾的军队相遇。当时双方兵力悬殊,邓艾只有两千多士卒,而且没有任何重装备。魏军中部分将领甚至产生了畏敌怯战情绪。然而,拥有绝对兵力优势的蜀军却一战而溃。更荒唐的是,在蜀军主力依然坚守北方要隘而成都城防坚固,守军尚有数万人的情况下,蜀后主却匆匆率百官出城投降。

蜀国为什么要投降,而且急不可待地投降?一份由蜀国尚书郎李虎呈献给邓艾的士民簿揭示了这个秘密。

根据士民簿记载:亡国之时,蜀国总人口降至九十四万,却仍有带甲将士十万两千,官吏四万。也就是说每两户人家就要负担一名军人或官员。这样庞大的官僚和军事机构，加之连年战争造成大量青壮年的伤亡，一个小小的蜀国实在是力蹙难支了。

由此可见，蜀国上下对连年战争带来的深重灾难已经到了再也无法忍受的地步。他们宁愿以自欺欺人的借口向敌方投降，也不愿再进行一场真正意义上的战斗。换言之，蜀国支撑战争的精神已经崩溃。

蜀国的迅速败亡根本就在于它不恤国力和民力的穷兵黩武。仅后主执政期间由蜀国发起或卷入的大小战事就有二十二起，蜀国军民长期笼罩在战争的阴影里。然而，这一切又和诸葛亮的军事指导思想分不开。诸葛亮是三国时期一位杰出的政治家和军事家，他组织实施并亲自指挥的不少著名战役，都成为军事史上的典范。立国之初，他对蜀国的有效治理，无论是内政外交都显示了他卓越的才能。但恰恰是诸葛亮的战争思想将一个小小的蜀国长期绑在奔驰的战车上，并最终送进坟墓。

自蜀后主建兴五年（公元227年）起，诸葛亮连续八年发起北伐魏国的战争，直至他在五丈原去世。这一系列战争，虽取得一些小小的攻城略地的战果，但总体上是得不偿失，特别是耗费了蜀国巨大的财力和民力。朝廷上下，渐渐地有了反对声。

但诸葛亮坚持他的战争理论，在那篇有名的《后出师表》中，他用五个"不解"来驳斥反对他用兵的意见。实际上，这五个"不解"，也就是五个用兵的根据，只要细细分析，都是站不住脚的。比如他的第一个"不解"是说高帝（刘邦）那样英明，身边的谋臣那样能干，还涉险作战，危然后安。而现在陛下（后主）不如高帝，谋臣不如良（张良）平（陈平），居然想不靠打仗坐定天下，行吗？而第五个理由是说这些年来，赵云、阳群等一大批将领相继去世，这些都是几十年间从四面八方网罗来的优秀人才。如果不打仗，那么再过几年，将自然损失三分之二，那还靠谁去破敌？

诸葛亮不仅压制了朝中反对打仗的声音，而且严厉处置了消极厌战的李严等大臣，以延误运送军需的罪名将李严废为平民。于是满朝文武三缄其口，全国上下只有一个北伐的声音了。

诸葛亮去世后，先后继任蜀国大将军的蒋琬和费祎审时度势，一反诸葛亮的做法，采取了敛兵息战保土养民的方略，蜀国百姓得以度过十几年和平的日子。但当姜维接过军事权柄，蜀国战争的机器又重新开动了。

虽然诸葛亮已经去世十多年，但他对蜀国政治的影响力依然不减。姜维便是将自己定位在诸葛亮军事路线的继承人上，他不顾蜀国尚未从昨日的战争中恢复元气，以继承丞相遗志为名率军连年北伐，使得蜀国又连续十二年处于战争状态。这时候，朝廷又有了不同的声音。大臣谯周特地写了一篇《仇国论》，指出军旅频出、百姓凋瘁将引发的后果："夫民疲劳则骚扰之兆生，上慢下暴则瓦解之形起。"将军廖化也对后主说："用兵不止，必定要引火烧身。现在姜伯约（姜维）就是这样，智谋超不过敌人，兵力却比敌人少，但却用兵不止，这真是太危险了。"但这些不同意见都被姜维所取得的一些小小的胜利化解了。直到延熙十九年（公元256年），姜维大军被魏军新起之秀邓艾所败，蜀军不可战胜的神话也彻底破灭。此后战局急转直下，蜀军只能持守势。还不到五年，蜀国即在魏军大举进攻下覆亡。

而由于战争频仍，蜀国内百业凋敝，百姓生活困苦不堪。蜀亡前两年，吴国使臣薛珝从蜀返回吴国时，吴君主关切地问到蜀国现在的情况。他回答："入其朝不闻直言，经其民皆菜色。"

蜀后主在魏军逼近成都时还在犹豫，是否逃到南方，但谯周一番话彻底打消了他的念头。谯周说，因为连年征战，南方百姓已经不堪重负，怨声载道，陛下难道还能指望南方士民支持您吗？

实际上，当听说邓艾军队掩至，蜀国"百姓扰扰，皆奔山野，不可禁制"，九泉之下的诸葛亮对此也只能徒唤奈何了。

名剑渊沉

明嘉靖年间，沿海倭患猖獗。在肃清倭寇的一系列战斗中，功勋卓著的将领，当以俞大猷和戚继光为最。训练精良的俞家军和戚家军纪律严明，英勇善战，所向披靡，倭寇闻风丧胆，时人称"俞龙戚虎"。

戚继光自不待说，在有生之年即功成名遂。到了当世，已成民族英雄，为万民景仰。而俞大猷则始终默默无闻。

俞大猷出身卑微，仅是一个世袭百户。但他"少好读书"，十五岁进文秀才，与李杜、薛南塘等人并称"温陵十才子"。二十岁时他弃文就武。嘉靖十四年（公元1535年），俞大猷参加全国武举会试，他的《安国全军之道》策论，深受兵部尚书毛伯温的赏识，获第五名武进士，升署正千户，驻守金门。任内他注重教化、赈灾救荒，百姓为其建"虚江啸卧亭"纪念，是金门至今犹存的一处古迹。当年，海寇频发，俞大猷"上书监司论其事。监司怒曰：'小校安得上书？'杖之，夺其职"。后来兵部尚书毛伯温征安南，俞大猷"复上书陈方略，请从军。伯温奇之"，然而，因为他没有相当的职衔，一直到战争结束，仍然得不到任用。嘉靖二十一年（公元1542年），"大猷旨巡按御史自荐，御史上其名兵部。会伯温为尚书，送之宣大总督翟鹏所。召见论兵事，

大猷屡折鹏"。尽管如此,还是未被任用,俞大猷只能怅然而归。

在这样一个等级森严的官僚体制下,没有门第背景的俞大猷空有一腔热血和文才武略,却屡遭白眼。还好毛伯温总算记住了这位一心报国的年轻人,找机会给了他一个相当于武警大队长的职务——汀漳守备。俞大猷在这个位置上展现出卓越的军事才干,接连大破入寇。

倭害起自元末明初,到嘉靖年间最为猖獗。嘉靖二年(公元1523年),由于日本诸侯的贡船在宁波港自相火并,明政府因此罢了市舶司,断绝和日本的贸易往来。日本商人为了走私货物,雇用了大批海盗,以武力强行上岸,所到之处,烧杀抢掠,荼害中国居民。由于明代边备松弛,倭害遂愈演愈烈。

提督浙闽海防军务的朱纨发现了俞大猷这位将才,向朝廷推荐为"备倭都指挥"。从此,他成为抗倭的重要将领之一。俞大猷作战以"先计后战,不贪近功"著称,每临战必对敌我双方实力以及战争的各种因素乃至善后事宜做全面考虑并周密部署,他决不打无把握之仗,也不打击溃战,战必全歼。嘉靖三十二年(公元1553年),在俞大猷的布置下,松江战役告捷,明军取得抗倭斗争中第一次重大胜利。翌年,又取得浙东平倭胜利,倭寇只得南窜闽粤,倭患重心移到福建。嘉靖四十年(公元1561年),倭寇再犯福建,兴化沦陷,举国震惊。俞大猷和戚继光分任正副总兵,联手共破海倭,取得兴化大捷。兴化平倭也是抗倭斗争的最大一场胜利。可以说,俞大猷经历了抗倭斗争的全过程,而且战果累累。但在明朝历次抗倭的功劳簿上,俞大猷的名字往往只是出现在众将的末端,很不显眼的位置上。

这是中国军事史上的一个悲情人物。

俞大猷身经百战,但他的战功却经常被上司冒领甚至抹杀。比如嘉靖二十八年(公元1549年),俞大猷大败安南入寇,斩敌一千二百人。"事平,严嵩抑其功不叙,但赍银五十两而已"。嘉靖三十一年(公元1552年),"乃从(张)经大破贼于王江泾,功为赵文华(浙江巡抚)、胡宗宪(闽浙总督)所攘,不叙"。嘉靖四十年(公元1561年),俞大猷大破广东倭寇,又被地方官员"攘其功"。同年,俞大猷与戚继光合军光复兴化城,共破海倭。"继光先登，受上赏，大猷但赍银币"。

由于明代重文轻武，武将的地位远远低于文官。上奏章从来是上司文官的事，即便是军事上的胜利也概由当地督抚上报。文官们尽可将战绩挂在自己身上；而如果战事失利，则又可以将责任尽数推到武将身上。武将们如要保住自己的部分功劳，就要紧紧依傍自己的文官上司，甚至还要巴结和取悦于朝廷当政大员。因此明代的官场，有人曾以两个字归纳：就是讦与谄。

让甘冒矢石、冲锋陷阵的将军行俯首帖耳、谄谀献媚之事确实是一种痛苦。俞大猷似乎不谙官场规则，或者根本不屑为之，所以战绩屡屡不显。而攻讦之事却又常常落在他的头上，令他防不胜防。他率军辗转于浙江、福建、广东沿海，与倭寇进行了数不清的血战，其间受尽了冤枉和委屈：或被人冒功，或遭人诬陷，或被人忽略……连史官都为之感叹："大猷邀诸海，斩获多，竟坐失事停俸。"嘉靖三十四年（公元1555年），倭寇进犯苏杭，屡败赵文华统领的军队。俞大猷奉命往援，倭寇退。本来是一场胜利，可是巡抚曹邦辅却弹劾俞大猷纵贼，致使嘉靖皇帝大怒，褫夺了大猷的官职。

通观明代武将的遭遇，并非俞大猷一人如此。如卢镗先被拘禁，后遭斥革；汤宽被拘后令其戴罪立功，最终在塞外捐躯；戚继光的部下将领胡守仁、王如龙、朱钰、金科等人也都受到革职或戍边的处分。

在政治仕途上，同样是为国家浴血奋战并屡立战功的抗倭名将戚继光显然要圆通得多。戚继光驰骋于战场，充分施展军事才华，作战胜利记录无出其右。但他同时也能灵巧地周旋于官场，所以总能得到应有的奖赏和荣誉。在福建，他备受巡抚谭纶的赏识，戚继光出任总兵也主要出于谭纶的推荐。公元1567年谭纶升任蓟辽保定总督，负有防卫京畿的重任。不久，谭纶就建议将戚继光调来任蓟州总兵。后来戚继光又结识了内阁首辅张居正。只是到了张居正死后，戚继光才遭到廷官弹劾。参劾的一条理由，就是他在蓟州任职时的账簿不知去向。而同时代著名文人王世贞所写的《张公居正传》中，披露了戚继光为感激张居正，曾用重金购买美女送给他。这一段无法考证的逸事成为万历朝的一大公案。同时，戚继光还让他的兄弟给张家馈送过礼物，

这段记录则见于张居正书牍。

《明史·戚继光传》曾将戚继光和俞大猷做比较，说戚继光"操行不如而果毅过之"。寥寥数语，大概能见出二人的处世态度不同，也标示出二人的际遇不同。不过，这两位名将倒是有许多共同点。

戚继光和俞大猷都熟读兵书，长于韬略，但同时他们个人武艺超群，勇冠三军。

俞大猷年轻时随李良钦学习武术，于拳枪剑棍无所不精。嘉靖四十年（公元1561年），俞大猷率军南征，途经河南，特地造访少林寺。寺僧一千多人为他做了棍术表演。他观摩后，发现少林寺僧的棍术因久传，"已失古人真诀"，并明告众僧。之后，应寺僧的要求，他"择其僧之年少有勇者二人，一名宗擎，一名普从"，随俞大猷学习棍术。

宗擎、普从二僧随大军一路南行。俞大猷让其"出入营阵之间"，教给他们少林武术真诀和《剑经》（实即棍经），复教以智慧、觉照之戒。三年艺成，二僧请归。俞大猷令"以所授之教转授寺众，以永其传"。俞大猷临别写了《少林寺僧学成予剑法告归》一诗相送。诗云："神机阅武再相逢，临别叮咛意思浓。剑诀有经当熟玩，遇蛟龙处斩蛟龙。"

和戚继光一样，俞大猷也是一位出色的军事理论家。在多年征战的间隙，他写下了《兵法发微》《洗海近事》《镇闽议稿》《广西选锋兵操法》等多部军事著作。他曾向朝廷提出让明军战术全面现代化的建议。他指出，倭寇的特长是娴习陆战，水战却低劣。为此，他主张以有效的战船和火炮歼敌于海上，根本不让倭寇有登陆的机会。"海上之战无他术，大船胜小船，大铳胜小铳，多船胜寡船，多铳胜寡铳而已。"（《正气堂集》）在给总督的禀帖中，他请求把陆军军费的一半用来配备水师。但这些有益的建议始终没有被采纳。他还在前人的基础上编成《续武经总要》，讲述大量兵法和武术。其中武术部分叫《剑经》，是中国第一部武术理论著作。多年后，戚继光完成了军事著作《纪效新书》，他坦言受《剑经》的影响很大。为此，戚继光曾这样称赞《剑经》："千古奇秘尽在于此，近用此法教长枪收明效，极妙，极妙！"

戚继光好诗,诗中金戈铁马,气吞山河:"南北驱驰报主情,江花边月笑平生。一年三百六十日,都是横戈马上行。"(《马上作》)俞大猷亦善诗。他自说:"欲写心中无限事,不论工拙不论多。"他有一首《舟师》,是我国古代最早描写海战的诗篇:"倚剑东溟势独雄,扶桑今在指挥中。岛头云雾须臾净,天外旌旗上下冲。队火光摇河汉影,歌声气压虬龙宫。夕阳影里归蓬近,背水奇阵战士功。"气势磅礴,响遏行云。

"名剑渊沉谁得知,无端自跃欲何为?祇从贼子斩顽石,莫若终沉在水时。"俞大猷的这首《试剑石》,或可作这位名将坎坷一生、沉沦于世的注脚?

南明史上的一段公案

"缟素临江誓灭胡，雄师十万气吞吴。试看天堑投鞭渡，不信中原不姓朱。"这首郑成功的诗，题为《出师讨满夷自瓜洲至金陵》。全诗气壮山河，表达了必胜的豪情。这是公元1659年春夏之交，郑成功率大小舰船三千余只，将士十万人北上，进行著名的长江战役，一路摧枯拉朽，于兵抵金陵城下时所作。其时，长江中下游各州县纷纷易帜，响应郑成功大军的到来，已成惊弓之鸟的数万清军龟缩在南京以及附近的几座城池内，不敢动弹。明朝半壁江山似乎唾手可得。但仅仅一个多月之后，郑成功的十万大军便在一夜之间兵败石头城下，而后全军仓促撤出长江口。一个大好的胜利形势，就这样化为泡影。

长江战役的失败，史家可以分析出诸多原因，如郑成功骄傲轻敌，没有挟破竹之势，乘守城清军人心恐慌一鼓攻城，而竟然屯兵坚城之下，不攻不战，长达月余，致使师老城下，士气渐渐低落，终遭敌军夜袭溃败。加之战术部署不当，围城之际，既不扫荡南京周围的小股敌军，也未能有效地封锁进入南京的水陆通道，不仅南京守敌得到喘息之机，同时崇明等各路敌军也得以从容入城驰援。况且，金陵一战，陆军虽败，但水军依然完整，而且占据绝对优势。如果联络长江中下游风起云涌的反清义军，再战亦难言胜败，但郑成功却只一战受挫，便全军仓促退出战斗，将胜利果实丢弃净尽。这些固然都是作为军事家郑成功指挥上的严重失误，但还不是战役失败的根源。

南明后期，在江南一带坚持抗清复明的武装势力主要有四支：一支是以舟山群岛为基地的鲁监国、朱以海统领的军队；一支是以李锦等人统领的原李自成大顺军为主的夔东十三家义军；而最重要的两支，就是占据滇、黔、桂三省的永历王朝统率的以原张献忠大西军为主的军队和以厦、金两岛为基地的郑成功的军队。如果这四支力量能团结一致，恢复江南半壁河山，亦非难事。但实际上复明各派势力之间却钩心斗角，互相倾轧。对此，南明后期的优秀将领李定国和张煌言在与郑成功的来往书信中，都曾十分痛心地指斥郑氏集团在抗清军事行动中拥军自保，以致丧失一次次大好时机。

公元1649年，广东清军反正归顺永历朝廷，而表面上拥护永历朝廷的郑成功军队为了争夺潮州地盘，不惜挑起战端，内讧的结果，逼迫该部明军再次投降清朝。永历朝廷对郑氏集团之所为则无可奈何，眼睁睁地看着广东得而复失。

公元1653年、1654年，李定国率南明军队两次进攻广东，两次都要求郑成功出兵相助，但郑成功却始终按兵不动，坐视明军失败。这是因为郑成功行事总是把以他为首的郑氏集团的利益放在最重要的地位，他热衷割据东南，独占山头而并不希望永历朝廷统一江南。比如公元1653年李定国率军攻入广东，进抵肇庆城下。这时清潮州总兵郝尚久也竖起了反清复明的旗帜，他们都寄希望于郑成功能遣主力西进，东西合击，收服全粤。但郑成功没有响应。李定国发动的肇庆战役失利，全军退回广西。潮州则被清军团团围困。郝尚久向郑成功求援，但郑成功在进入潮州境内的揭阳后，筹集了大批粮食就扬帆而去，给郝尚久的只是一纸带有命令口气的空文。最终潮州城破，郝尚久父子自杀。特别是公元1654年李定国第二次进攻广东。事前他多次派使者前往厦门与郑成功联络，详尽商讨了战役部署和出兵时间。但其时，清廷正利用被囚禁的郑成功的父亲郑芝龙对郑成功进行招抚，郑成功为了不让李定国知道他和谈之事，竟将李定国派来的使者软禁起来。只是因为郑成功开出的条件过高：将"浙江、福建、广东交由他管辖，并将海上之事，全权托付"而被朝廷拒绝，和谈破裂。在给他二弟的信中郑成功曾坦言："清朝若信兄言，则为清人；若不信兄言，则为明臣而已。他何言哉！"他的策略是，明清两方，谁能让他割据自雄，他就奉谁为"正朔"。正是由于郑成功私心自用，一味拖延，空言应付，使得李定国精心策划的广东战役归于失败。

郑成功发动长江战役，一方面固然是明朝遗老钱谦益与张煌言等人的策划和鼓动，另一方面也是因为大批清军此时正被李定国军队残部拖住在云南鏖战，东南尤其是长江下游防务空虚。而郑成功一直被压迫在福建沿海一隅，难以有大发展。所以进军长江，占领东南富庶之地的主张深为他所采纳。

郑成功率大军退出长江，其出发点只是为了保存实力。而此时作为郑军前锋的原鲁监国所属张煌言部尚在芜湖一线作战，绝没有想到郑军连一声招呼也没打，只因为一次败仗就迅速退却而把友军抛弃在敌后。张煌言势单力薄，在强敌面前无法支持，兵败后历尽劫难，孤身一人脱险，逃至海岛。在他所著的《北征录》中，毫不客气地批评了郑成功在长江战役中始则骄兵轻敌，继则仓皇逃遁的行为。

长江战役失败后，郑成功审时度势，把目光转向了台湾，并亲率大军渡过海峡，从荷兰殖民者手中收复台湾。不论郑成功当时的动机如何，但客观上是一次维护祖国神圣领土统一的壮举，从而写下了南明史上最具光彩的一页。

后人只知收复台湾的民族英雄郑成功，却往往忽略了南明史上有关他的这一段公案。

王莽的儒家乌托邦

公元8年，五十三岁的儒家学者王莽用和平的手段将汉政权转到自己手中，并改国号"新"。新王朝历十五年而亡，王莽被叛兵碎尸万段。

关于这一段历史，史家们称之为"王莽篡政"。王莽和他建立的新政权始终为封建正朔所不容。

"周公恐惧流言日，王莽礼谦下士时。倘若当年身便死，一生真伪有谁知。"这是旧时人们常常引用的一首诗，将王莽比作伪装人物的代表。

王莽究竟是个怎样的人物，他篡位前后都干了些什么？

王莽是汉成帝时皇太后王政君的侄子，自幼没有父亲，身世孤单。他节俭朴实、谦恭谨慎而勤奋好学，在王氏子侄中很有声望。大将军王凤临死前特地向皇太后和皇帝推荐王莽。于是王莽入宫先当了一名黄门郎（禁宫侍从）。以后职务一路不断升迁，很快被封为"新都侯"。王莽官爵越尊贵，态度越谦恭，宫廷上下对他赞声一片。三十八岁时王莽即被任命为大司马（全国军事最高指挥官）。

公元前7年，汉成帝刘骜突然逝世，汉哀帝刘欣继位。傅氏和丁氏开始执掌朝政，王莽被迫辞职。退出政坛后，王莽潜心读书，研究儒学。六年后，

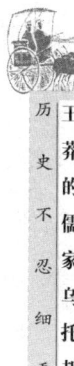

哀帝病死，不甘寂寞的王政君凭借太皇太后的权威，干预政事。这是一场迅雷不及掩耳的宫廷政变。策划者就是王政君，执行者则是王莽。两人共同演出了一幕非常默契的联手戏。王政君以王莽曾办理过先帝丧事，熟悉朝廷规章制度为由，立即征召她的侄儿入宫，不久，又重新任命他为大司马。王莽则秉承王政君的旨意，不惜采用流血手段，将傅氏和丁氏的大小官员全部杀掉或赶走。由于哀帝没有子嗣，王政君和王莽决定，由王莽的侄儿，年方九岁的刘箕子继位。王莽主持政府工作，文武百官全由王莽调遣。

如果没有王政君的夺权之举，王莽定然还在家中赋闲，当一个规规矩矩的儒家学者，也就不会发生后来王莽登基称帝的一幕。可是历史开了一个玩笑，让一位终日沉溺在周礼中的书生玩了一回天下权柄。

重新夺回国家大权后，太皇太后论功行赏，王莽却称病拒绝，并说：我愿意等到全国百姓，每家都过上丰衣足食的生活之后，再接受封赏。每当国内发生水旱、蝗灾，王莽都带头捐钱帮助灾民，而且不吃荤腥，只进素食，表示对灾区民众的同情。这时，王莽的声誉如日中天，全国有四十八万七千五百多人先后上书要求朝廷封赏王莽。但王莽每次晋见太皇太后，都叩头流泪，不愿接受赏赐，并表示如果一定要赏赐，就再也不敢继续任职了。

王莽一生尊崇儒学，他本身就是一位大儒，在他归野时曾开堂讲学，周围聚集了不少崇拜他的儒学弟子。执掌朝纲后的王莽和他的儒家弟子们开始用儒家学说来治理天下。他奏准设立皇家明堂和国立学堂，聘请国内大儒讲学，还兴建住宅一万多栋，招请儒家各学派学者居住。在王莽的倡导下，国内儒学盛行。只要精通儒学六经中的一经，而又收过十一人以上学生的通通被视为人才。政府用驿马车接送他们来长安。儒家学派的基本思想是复古。王莽处处仿效周公，不仅恢复了繁缛的周礼，连行政区划也要恢复到周制，将全国重新划分为十二个州。他还奏请由于全国一派升平应废除现行的刑法，而仿效舜帝时期实行的"象刑"，即让犯法的人穿上特制的衣服和草鞋，仅仅作为警戒而已。

随着儒学的盛行，王莽在百姓心中的声望也达到顶点。

正当全国对王莽的个人崇拜活动如火如荼时，发生了小皇帝中毒身亡的事件。历代史书均记载是王莽在呈进的椒酒里下了毒，而王莽却矢口否认，并举出自己的祷告文书为证。他这也是仿效周公的做法，当周武王病重时，周公撰写祷文，愿代替武王一死。究竟事实如何，已无从考证。但王莽的后台王政君对此始终不发一语。在王莽崇拜者们一浪高过一浪的拥护声中，五十三岁的王莽最终登上了帝位。

以一个学者管理一个庞大的帝国，王莽进行了一系列社会改革，其动作之大，力度之强，直到今天，当我们触摸这些发黄的史料时手指仍会微微战栗。首先，他下令将土地收归国有，恢复一千二百年以前已经废除的井田制度；而后将全国耕地重新进行分配，一对夫妇可分得一百亩地；禁止奴隶买卖；强迫劳动；实行专卖制度，由中央政府统一发行货币；建立国家贷款制度；实行计划经济，由政府控制物价，防止商人操纵市场，造成物价上涨，以消除贫富不均；征收所得税，政府用税收作为贷款或平抑物价的资金。这一条条，一款款无不都是对现行制度的全盘否决。

王莽接受了汉王朝盛世的庞大基业。但王莽仍不满足，他觉得汉王朝的那一套，格局太小，打算恢复上古时期的恢弘气象。于是，他自称是黄帝和舜帝的后裔，在全国兴建五座祖宗祭庙，四座皇族祭庙。天下姚姓、妫姓、陈姓、田姓、王姓都被定为皇族，世世代代不缴纳赋税，不服政府差役，对国家不负担任何义务。

以儒家学说为行为准则的王莽认为只要把制度确定下来，天下自然太平，因此专心致志地去研究地理、制定礼仪、创作乐章、探讨符合《六经》的理论。公卿大臣们每天早出晚归，只是忙于空对空的考证和议论，根本没有时间去处理日常事务。有的县甚至几年没有县令。全国案件堆积如山，各级官员贪赃枉法的行为也一天比一天严重。

实际上，王莽带有复古性质的改制只是一堆空想，由于受到各地官僚和地主的普遍抵制，根本得不到实行。而反复无常的币制改革和"六管"之法，更直接损害了百姓的利益，造成经济混乱，并给贪官污吏提供了搜刮百姓的

机会。老百姓只得纷纷来到首都皇宫前上访申冤，可是基本得不到受理。加之连年灾荒，民不聊生，铤而走险的人越来越多。为此，王莽特设捕盗将军一职，用军队镇压发生在河北、山东、山西、河南、湖北一带不断出现的大规模抢劫行为，之后又派出使者去赦免他们，表示他的仁爱之心。使者回到京城如实报告说："之所以各地盗贼蜂起，是因为法令繁琐苛刻，赋税太重，而贪官污吏借机敲诈勒索，百姓走投无路，只能铤而走险，当盗贼活命。"但王莽听了这些大实话却很不高兴，当即就罢免了使者的官职。

由于饥荒，各地几十万流民涌进长安。王莽听说长安城里有人饿死，便问中黄门王业。王业到市场买了些上等米饭和肉羹，拿给王莽看，说："长安居民吃的，都是这样的食物。"王莽居然就相信了他的话，不再过问。百姓对王莽越来越失望，又由失望变为痛恨。他们尤其痛恨的是王莽整日挂在嘴边喋喋不休的然而却让百姓们流离失所、困苦不堪的空头政治。而此时的王莽，却还在迷迷糊糊地做着他那天下大同的美梦。

农民起义的烈火越烧越旺，各地地主武装也变得越来越强大，曾几何时，王莽已从一位众人爱戴的儒家学者沦为千夫所指的独夫。公元23年，农民起义军攻进洛阳，王莽走投无路，被乱兵追杀。而最耐人寻味的是，王莽死后，愤怒的老百姓竟将他的舌头切下来分吃了。

明珠造反

康熙二十七年（公元1688年），一代权相明珠因贪污受贿罪被御史郭琇弹劾下狱。

郭琇的弹劾，证据确凿，样样落在实处，明珠根本无法辩驳。而且，看这架势，显然是出自康熙皇帝的旨意。满朝大臣都认定，威势赫赫的明相这回应该是万劫不复了。不料，明珠在狱中却暗地里让人向朝廷举报了自己一条更可怕的罪名——"谋反"。康熙皇帝接到这份揭发明珠的爆料，一时瞠目结舌。

很快，就有雪片般的奏章从京城内外加急送来，内容无一例外，都是为明珠喊冤叫屈的，同时又将矛头指向索额图。

索额图和明珠都是康熙朝最重要的大臣。他们权倾朝野，"掌仪天下之政"，因而每个人身边都聚合了一大批朝臣。以明珠来说，他的聪明干练是出了名的。康熙十二年（公元1673年）时，皇帝要到南苑检阅八旗兵。明珠事先安排教官对军士进行反复训练，检阅时八旗兵军容整肃、阵势浩大，康熙看了十分满意，明珠也因此获得重视。而在议撤三藩、统一台湾、抗御外敌……这一系列重大事件中，明珠都扮演了关键角色。特别是当三藩反叛，

朝中许多大臣都提议罢兵议和，只有明珠态度鲜明，主张得力，很为康熙欣赏。

而索额图呢，出身高贵，父亲是大清国的开国功臣，侄女又是皇太子的生母。索额图本人在清除鳌拜势力时立下大功，很早就成为康熙最信任的重臣。

公元1662年，清顺治皇帝福临因患天花，年仅二十八岁即病逝，八岁的儿子玄烨继位，时称康熙皇帝。福临给玄烨留下了四位顾命大臣，他们是索尼、苏克萨哈、遏必隆和鳌拜。遏必隆、苏克萨哈因与鳌拜不和，先后被鳌拜设计害死。索尼老迈，因此鳌拜一天比一天骄横。康熙于是召见索尼的儿子索额图商议对策。索额图请求改任宫中一等侍卫，调到康熙身边担任贴身护卫。鳌拜武艺超群，而且警惕性高，不好对付。索额图便专门挑选一班十几岁的孩子天天在宫门前练习摔跤。鳌拜每次经过宫门，都看到这帮孩子在玩摔跤的游戏，渐渐放松了警戒，让索额图找准机会，一下擒拿住鳌拜。索额图也因此备受康熙的信任。

索额图曾作为大清国的代表赴尼布楚与俄国谈判，这次谈判也是中国同西方交涉的开始。由于索额图筹划得当，谈判中态度始终不卑不亢，不但赢得了俄国人的尊敬，也为大清国赢得了一次外交胜利。

明珠和索额图都以自己的才干成为大清国的栋梁之臣。但这两位重臣为了争夺权力，渐渐变得势不两立。尤其是明珠，为了培植势力，不惜使用各种手段，提拔和网罗党羽，把持朝政，收受贿赂。更不能容忍的是，他还对那些不肯依附自己的人设下阴谋进行陷害。

这一切，康熙都看在眼里。对明索两党之争，甚至党争中一些恶劣的行径，甚至贪污受贿、卖官鬻爵，只要不乱了大局，他都能隐忍，因为他需要一种权力间的平衡。

但事态的发展出乎康熙的意想。本来，康熙以为，以贪污罪将公开反对太子的明珠下狱，借此杀杀明党的气焰。但现在事情被闹大了。康熙心里明白，这已经是明珠一党和索额图一党的生死之战。如谋反罪名成立，那么，明党将被一锅端。但全国有多少官员，不在索党即在明党。现在，为明珠喊冤叫屈的片折，正是明党自保的全国性行动。而消灭了明珠一党，索额图必然一党独大。想到这里，康熙心头更加不快。

明珠下了一招谁也不敢下的险棋。他是让一位名在索党而实是明党，也就是明党在索党卧底的官员上疏揭发的。本来，犯贪污受贿罪而银铛入狱的明珠，依大清律死定了，何况现在又多了一条谋反的罪名。索党们都十分愉悦地看着他们的劲敌、死敌从此灰飞烟灭。但谁也没想到，康熙居然作出这样的决定，只免去明珠大学士的职务，仍留在宫中行走，其余既往不咎。

明珠能够死里逃生，是因为他把准了康熙的脉数。康熙的喜悦、康熙的烦忧、康熙的不快，都在明珠的掌握中。

康熙的不快，症结在太子身上。如何评价太子的贤能，也成了明珠和索额图两党争论的焦点。当今太子胤礽是康熙的第二个儿子，也是索额图的外孙。而康熙长子胤禔又是明珠的外甥。胤禔虽是老大，但由于不是皇后所生，被立嫡长子的原则挡在门外。明珠一心希望胤礽出错，让胤禔登上太子宝座。索额图当然要死保太子，于是两党围绕着太子明争暗斗，火药味浓烈。

康熙是个疑心很重的人。因为疑心，对太子的行径就越来越看不惯。公元1690年，康熙亲征准噶尔，行军途中生病，返回北京。太子到途中迎接，见到康熙时一脸轻松，丝毫没有焦急难过的表情。康熙很不高兴，认为太子没有忠君爱父之心。于是，康熙让索额图专门辅佐太子，还让人暗中调查太子的行为，太子的表现实在让康熙失望。而因为太子的缘故，康熙对索额图也渐渐不满。不满的累积，竟渐渐让索额图成了康熙最大的假想敌。但对康熙来说，如何处置索额图，确实颇费踌躇，因为索额图是立有大功的。

告自己造反的明珠虽然绝地自救捡回了一条命，但已不在权力中心，明党的势力也一下子大大削弱。索额图却没有看到康熙的用心，一点不知自我收敛、改弦更张。他将明珠的下台看成是党争的最后胜利，看成是他和太子的最后胜利。殊不知康熙已悄悄而坚决地将另一条绳索套牢在他的脖颈上。

日子一长，关于太子的种种谣言不断传到康熙的耳中。说太子平时所使

用的衣物全是黄色的,太子宫中规定的仪式和皇帝的所差无几。康熙听了十分厌恶。这时,索额图有个仆人犯了错被鞭打,有人便唆使他前往官府告发索额图阴谋帮助太子篡位。索额图被抓进监狱,后来死于狱中。康熙对他的评价是:"诚本朝第一罪人也。"

而失去权力不再光芒四射的明珠则一直在内阁大臣的位置上平平静静地干了二十年。

孙权放火

建安五年（公元200年）叱咤江东的孙策，图谋乘曹操和袁绍在官渡相持之机，袭击许昌，将汉献帝从曹操手中抢出，带回江东。但军队刚刚部署好，还没有行动，孙策就被人谋刺，受了重伤。临终前，他将权力交给弟弟孙权。这时的孙权还不满十八岁。

孙策是靠英勇善战，从马背上打下江东一片天地的，在夺取江东的征战中也网罗了大批人才，其中就有张昭和虞翻。张昭担任孙策的长史（秘书长），是孙策智囊团的领袖人物，还是孙策临终时的顾命大臣。而虞翻，孙策平时与他以朋友相交，对他十分信任。孙策去世时，虞翻正出任富春长，他坚守任上，保证了南方的安定，应该说对吴国是有大功的。

然而，对于年少又没有战功的孙权来说，孙策留给他的这批老臣，虽然忠心可嘉，但总把他当小孩看待，动辄对他说三道四，甚至板起脸来教训，常常让他下不了台。比如，孙策去世时，孙权痛哭难禁，这本来是兄弟情深，人之常态。但张昭却毫不客气地教训他说："现在天下动乱，群盗满山，你不思图治，反而作匹夫之痛，这怎么可以？"说着强拉孙权上马，到军营里去。还有一次，孙权在武昌钓鱼台设宴，饮酒大醉，还让人用水洒群臣，说要和大家一醉方休。张昭见状，一声不吭，走出去气呼呼地坐到自己的车上。孙权派人叫张昭进来喝酒，说："今天高兴，和大家一块喝酒行乐，张公为什么要生气？"张昭没好气地说："从前，商纣王造酒池每夜饮酒作乐，他自己并不认为这有什么不好。"孙权讨了个没趣，只好草草罢宴。

张昭倚老卖老，多次在朝堂上顶撞孙权。有次孙权忍无可忍，气得拔出佩剑，说："吴国士人进宫拜我，出宫则拜你，我对你应该够尊重够客气了吧。可是你却屡次当众让我难堪，是什么意思？"张昭却说："当年太后和桓王（孙策）不以老臣属陛下，而以陛下属老臣，是为了什么，还不就是要我尽心尽责报效国家吗？要是为了讨好你而违背自己的意愿，那是我不能做的。"孙权听了心里头老大不高兴，但表面上还得低头认错。

孙权当上吴王后，要选丞相，群臣都认为一定是张昭，张昭也以为非他莫属。但孙权却偏偏选了政绩平平的孙邵。等到孙邵病死，大家想，这下总该轮到张昭了吧。可是孙权又用了曾经做过他属臣的顾雍。总之，孙权铁了心，要把老资格的张昭晾在一旁。

对张昭，孙权心中十分了然。这位老臣，对国家忠心耿耿毋庸置疑，但胸怀不广，虚荣心特强，对朝中的年轻人则过于苛刻，自然不好让他执掌中枢。

老臣中不仅是张昭，还有虞翻，也是一个自以为是、不识天高地厚的主儿。有次孙权宴请群臣，亲自把盏劝酒，走到虞翻跟前时，虞翻不想再喝就假装醉倒在地，不理孙权。可是等孙权一过去，虞翻便又端坐如初。孙权见他如此藐视自己，不禁大怒，拔剑要砍虞翻，幸被人劝止。虽然后来孙权对自己的不当行为做了解释，但虞翻始终不依不饶。魏国大将于禁，曾被关羽俘虏。关羽兵败麦城，于禁得以获救。孙权对这位昔日沙场宿将依然十分敬重，让他与自己并辔而行。虞翻却大声呵斥他道："你一个降虏，怎敢和我们的国君并肩骑马？"说着挥起手中的皮鞭要打于禁。孙权连忙制止，脸色变得十分难看。虞翻也看不起张昭。孙权曾与张昭谈论神仙的事，虞翻在一旁竟然指着张昭说："这都是些死人，跟他谈什么神仙，世间还真有神仙吗？"孙权实在是气坏了，于是将虞翻流放到交州（今越南河内），让他从此离自己远远的。

作为一国之君，孙权对这批老臣真是又敬又怕，有时还有几分怨恨。比如赤壁大战前，面对曹操的军事进攻，孙权一开始心里是想抵抗的，但主张投降的张昭带领一班文臣，闹得他六神无主。要不是年轻的鲁肃提出联刘抗曹的主张，又劝孙权拜主战的周瑜为帅，结局真不堪设想。为此，赤壁之战后，孙权果断地起用了一批新人，比如鲁肃、诸葛瑾、步骘、阚泽、吕蒙等，他们渐渐代替了程普、黄盖、张昭、张弦和虞翻。一个全新的孙权时代自兹开始。

但老臣们依然是笼罩在孙权朝堂上的一片阴云，他们执政多年，人脉广，影响深。如何让他们收敛闭嘴呢？于是吴国君臣之间开始了一场猫玩老鼠的游戏。面对孙权不断推出的改革招数，张昭采取的对策是称病不朝，整天待在家中，任你孙权怎么招呼也不理睬。孙权便运土塞住张昭的大门。哪想这倔老头子根本就不怕，干脆从里面把大门整个封死。孙权表面上气呼呼的，派人放火烧张昭家的大门。当熊熊烈焰腾空而起，路人围观若堵，都来看热闹，孙权又让人马上灭火。张昭没有被唬住，他的几个儿子却吓坏了，硬是搀出了老头子。孙权早已候在大门口，赶紧扶他上车，进宫后又态度诚恳再三再四地赔礼道歉。张昭没有办法，只好重新规规矩矩地上朝。可是人们发现，过去那个老气横秋、总爱唱反调的张昭，已经被孙权修理得一点脾气都没有了。

刘巴为何不受信任

刘巴是三国时期一位著名的政治和经济活动家。他死后葬于岳阳,岳阳旧称"巴陵",据说,便是人们为纪念刘巴而命名。可知刘巴在当地百姓中名声之大。

曹操征伐荆州时,刘巴自湖南北上见曹操,被任命为属官(掾),派往招纳长沙、零陵、桂阳三郡。不久,孙、刘联军在赤壁大败曹军,刘备乘势攻占了三郡。刘巴遂远走越南,后来从越南辗转来到四川。不久刘备又占领了四川,这样刘巴便成为刘备治下的臣民。诸葛亮很欣赏刘巴的才华,曾多次向刘备举荐。他甚至这样说:"运筹策于帷幄之中,吾不如子初(刘巴字子初)远矣!"刘备初定成都之时,因军用不足而发愁。刘巴建议他铸造面值百文的铜钱,派官员管理市场、平抑物价。刘备采纳了他的建议,"数月之间,府库充实"。早在公元221年,刘巴就懂得用货币的供需量来调节经济增长,用政府手段来干预市场、平抑物价,比之英国的经济学家凯恩斯,整整早了一千七百年,不能不说是一位奇才。

由于自己的才识,刘巴很快就当上了蜀国政府的尚书令(秘书长)。当时蜀国的政令多由刘巴草拟;刘备称尊号,一应文诰策命,也全部出自他的手笔。

然而刘巴在蜀国却并不能充分施展才干,甚至小心谨慎到"恭默守静,退无私交,非公事不言"。为什么会出现这种情形呢?原来,刘巴得罪了刘备的结拜兄弟张飞。

事情缘起张飞与刘巴的一段恶隙。一次张飞特地自驻地阆中骑马跑了四百多里路前来拜访刘巴,并在刘巴处投宿。张飞虽然性格粗暴,但对有学问的人一向很恭敬。他十分仰慕刘巴的才名,更想结交刘巴这样的才士。刘巴却从骨子里看不起张飞,虽说勉强让张飞住进了自己的屋子,但整个晚上不跟张飞说一句话。弄得张飞异常尴尬,并由尴尬而生怨恨。第二天天还没亮,张飞便怏怏上马回去了。诸葛亮听说了这件事,赶紧劝刘巴不要过于清高。而刘巴却这样回答:"大丈夫处世,当交四海英雄,我和一个当兵的有什么话好说?"

以刘、关、张桃园三结义的特殊关系,对张飞不恭,也就是对刘备不恭。刘备虽然慕贤爱才,但也容不得刘巴如此无礼,自然大为光火,当即对诸葛亮说了一番于刘巴政治前途极为不利的话。他说:"刘巴自恃有才,他原是想到魏国去的,只是因为无路可走,才留在蜀国,并非真心来辅佐我。"刘备这番话决定了刘巴从此不受信任的命运。不过,刘备还算宽宏大量,没有给刘巴小鞋穿。但刘巴注定要坐冷板凳了,尽管他官位不低,在政治上却被打入了另册。从此一片阴影一直笼罩着他的政治生涯。

而此时蜀中的大小官员们也像害怕沾上牛屎巴似的,开始有意无意地疏离刘巴。

恃才傲物、自命清高的刘巴,不经意得罪了张飞,起先并不以为然。刘备的一番话和同僚们的态度,终于给了他兜头一棒,足以让他吓出几身冷汗。在当权者面前,他不得不收起傲气和清高,夹起尾巴做人。而且一反常态,变得格外谦恭,格外循规蹈矩,除了起草文件,几乎无所作为。

刘巴的命运引起周边国家魏、吴的普遍关注。魏国宰相陈群专门为此写信给诸葛亮,询问刘巴的情况。东吴朝野也就此进行议论,张昭以为刘巴过

于褊狭，不应该那样对待张飞；而孙权对此却有自己的看法：刘巴如果为了讨好刘备，交他所不愿交的朋友，那还能称为高士吗？话虽这么说，但恐怕任何一位封建君主都不会喜欢刘巴这样的人。刘备当时就说过：刘巴这样才高气傲的人，只有我还能够用他，要是换了别人，一定不能容纳他的。

刘巴的遭遇，固然有他性格悲剧的一面，但归根到底还是那一层挣不脱的人身依附关系。然而这样的遭遇，千百年来仅仅发生在刘巴一人身上吗？

在有关三国的大量文史资料中，记叙刘巴的文字十分简约。而这寥寥几段文字，读起来却让人心头一阵沉重。

被"埋没"的鲁肃

将帅的才能,并不只限于排兵布阵、纵横沙场。三国时代,英雄辈出,群星灿烂,令人目不暇接。然而,却有一位十分重要的人物,无论在小说或在影视、戏剧中总是被人忽视,乃至遭到贬损。这便是东吴大将鲁肃。

在罗贯中先生的笔下,鲁肃不过是一个忠厚而又平庸的好人,好到有几分颟顸,平庸到成为诸葛亮神机妙算和关羽忠勇过人的反衬。比如写诸葛亮"草船借箭"一节,诸葛亮偕鲁肃同往,一个成竹在胸,一个被蒙鼓里;一个谈笑自若,一个惊慌失色。最后是孔明借箭成功,志得意满,而鲁肃钦敬拜服。再如关云长"单刀赴会"一节,鲁肃在被孙权多番埋怨的情况下,为讨回荆州,设下刀斧手,请关羽赴宴。结果不仅未达到目的,反被关羽识破机谋,佯醉退席。小说这样写道:关羽强拉着鲁肃的手直到船边,鲁肃吓得"魂不附体"、"如痴似呆",眼睁睁"看着关公的船乘风而去"。在各种影视戏剧中,这样的场面被更加夸张地加以渲染,鲁肃似乎愚蠢到几近无能了。

然而,事实上,鲁肃却是这样一位非凡的人物:没有他,三国的历史就要改写。三国局面的形成,取决于孙权和刘备联手打败曹操的赤壁之战。而在这场大战前后,积极穿梭于孙、刘之间,分析形势,指陈利弊,同时有效协调两家关系，最后导致战争胜利的就是这位鲁肃。

鲁肃和周瑜是至交，正是周瑜慧眼向孙权推荐了鲁肃。他说："鲁肃有辅佐帝王的大才。"孙权立即召见鲁肃，对他说："我想建立齐桓公、晋文公那样的功勋，应该怎样办呢？"鲁肃为他分析说："现在曹操的势力很大，将军怎能建立齐桓、晋文那样的霸业呢？当今之计，只有保守江东，坐观形势变化。如果北方有事，则乘机灭掉黄祖，然后沿长江西上，据有荆州、益州。"孙权深以为然。鲁肃这一席话，实际上奠定了孙吴一个时期的重要战略决策。

当时，曹操大败刘备，并乘胜东下，东吴朝野震惊。在孙权召开的朝会上，以张昭为首的投降派占了上风。还是鲁肃力挽狂澜。他先以利害得失打动孙权，而后又奔赴夏口，说服刚刚打了败仗惊魂未定的刘备和孙权联合抗曹。当时刘表刚刚亡故，荆州一片混乱，两个儿子不和，军队分崩离析。如何吸纳荆州的军事力量投入抗曹，关键在寄寓荆州的刘备。刘备有相当的人脉，但遭受新败后对战事已全无信心，想到广西投靠苍梧太守吴巨。鲁肃劝他说：吴巨是平庸之辈，所据守的苍梧郡又十分偏远，不久一定会被人吞并掉。而孙权聪明过人，又礼贤儒士，江东英雄豪杰都归附于他。现在替你着想，不如和江东结好，共同干一番事业。正是鲁肃向他分析形势，表明孙、刘联手抗曹的可能，才有了改变整个局势的赤壁会战，从而形成三国鼎立的局面，保全、巩固了孙吴政权。刘备按照鲁肃的安排，率领本部和部分荆州军队进驻樊口，加入抗曹作战序列，而后又派遣诸葛亮作为军事代表赴孙军大营。鲁肃的个人诚信成为两家合作的基石。尤为重要的是，鲁肃作为抗曹联军总司令周瑜的副手，处处从大局出发，以高超的外交手腕，成功地协调了孙、刘两家以及周瑜、诸葛亮个人间的微妙关系，维护了团结，从而保证了战争的胜利。

可以说，没有鲁肃的穿梭外交，没有鲁肃的宽容忍让，没有鲁肃的深明大义，没有鲁肃的大智若愚，特别是没有鲁肃的高瞻远瞩，便不可能有赤壁之战的辉煌胜利。把鲁肃说成是这场战争的总导演其实并不过分。

这一点，东吴国君孙权看得很清楚。战争刚刚结束，孙权得知鲁肃回来，亲自出城迎接，一见鲁肃，便下马施礼，对他十分恭敬。

这一点，东吴统帅周瑜看得也很清楚。因此，周瑜临终前极力向孙权推荐鲁肃顶替他的统帅职务。他这样说："鲁肃为人有忠臣烈士的气概，处事认真负责，从不苟且，可以代替我的职务。"须知当时功勋卓著的老将程普、黄盖等俱在，而鲁肃不过是一介书生罢了。

这一点，诸葛亮看得更清楚。鲁肃病逝，诸葛亮为之发哀。他明白，孙、刘联盟自此宣告解体。果然，不久便有吕蒙白衣渡江袭荆州之举，导致关羽战败走麦城；更导致刘备兴兵伐吴，最后兵败彝陵。鲁肃不可替代的重要作用，在他去世后充分体现出来了。

当然，孙吴朝堂对鲁肃极力将荆州借给刘备一事颇有微词。赤壁之战后，刘备亲自到京口见孙权，以兵多地少为由要求都督荆州。周瑜不仅上疏反对，还提出应当设法把刘备留在吴郡。只是鲁肃对孙权说，曹操虽败，但还是北方强敌，应当团结刘备。周瑜死后，他更是劝说孙权将荆州借给刘备，共同抵御曹操。

正如鲁肃所设计的那样，由刘备控制的荆州牵制了由曹仁统领的曹操主力部队，使得曹操南下的企图一再受挫。因此鲁肃生前始终为维持孙、刘的团结而忍辱负重。而正是在荆州主将关羽全力对付曹军，致使后方空虚之际，吕蒙指挥的孙吴部队才得以大举渡江，收复荆州。荆州在完成了如此深重的历史使命之后正式划入孙吴的版图，倘没有鲁肃超凡的战略远见能实现吗？

这样一位雄才大略的将帅，在文艺作品中本应该光辉四射。然而，有意思的是，鲁肃不曾被时势埋没，不曾被当时的政治家们埋没，却被千百年后的文人们埋没了。

听袁中郎诉苦

明万历二十三（公元1595）年，二十八岁的湖北公安著名才子袁宏道（字中郎）被朝廷派到江苏吴县（县治在今天的苏州）当县令。按说，太湖边的吴县是全国最富庶最繁华的地方，所谓"上有天堂，下有苏杭"。这应该是一个让人羡慕的差使，但在担任吴县县令的短短两年间，袁宏道却给亲朋好友们写下了一大堆诉苦信。

袁宏道上任后的第一封信是写给家乡公安文社的社友们。公安文社是他十五岁那年创建的，他自封为社长。他在社友中很有威信，社内年三十以下者皆听其约束。在袁宏道的带领下，公安文社树起反对"复古"的旗帜，提倡"独抒性灵，不拘格套"的小品，给文坛带来了一股清新而强劲的气息，有力地推动了晚明散文创作的发展，袁宏道也因此成为公安派的领袖人物。在这封给社友的信中，他当然没有诉苦，甚至还有几分兴奋：我已经当上吴县县令了！吴中得到我这个县令，那么，"五湖（太湖）有长，洞庭（山名）有君，酒有主人，茶有知己……"何等意气飞扬！但在信末，倒也流露出一点担心："吏道缚人，未知向后景状如何，先此报知。"

但接下来的信则一封比一封凄凉，这一份担心也很快变成现实。他告诉姐夫毛太初:"弟已得吴令,令甚烦苦,殊不如田舍翁饮酒、下棋之乐也。"才上任几天就萌生厌倦之心。而在写给他同时离京赴任的好友沈广乘的信中,他竟这样写道:"人生作吏甚苦,而作令尤苦。若作吴令则其苦万万倍……"在给另一位好友何湘潭的信中,他更进一步发挥:"作令如啖瓜,渐入苦境,此犹语令之常。若夫吴令,直如吞熊胆,通身是苦矣。山水风光,徒增感慨……"

为什么当吴县县令会如此痛苦呢?他举例说:"上官如云,过客如雨,簿书如山,钱谷如海,朝夕趋承检点,尚恐不及,苦哉!""大约遇上官则奴,候过客则妓,治钱谷则仓老人(谷仓看守人),谕百姓则保山婆(保姆)。一日之间,百暖百寒,乍阴乍阳,人间恶趣,令一身尝尽矣。"吴县地处繁华要冲,更兼风景秀丽、物产丰饶,自然成了上级官员、四方过客的青睐之地。但这些似乎都好对付:"上官只消一副贱皮骨,过客只消一副笑嘴脸,簿书只消一副强精神,钱谷只消一副狠心肠,苦则苦矣,而不难。"然而最不堪的却是那些恩恩怨怨的人际关系和是是非非的流言飞语,举凡"吏情物态,日巧一日;文网机阱,日深一日;波光电影,日幻一日",陷入这样险恶的官场和人际关系的泥潭之中,真是令人无法忍受。对此,他甚至发出"作吴令,无复人理"的感慨。在给两位堂叔的信中,他说:"金阊(指吴县)自繁华,令自苦耳。""请看来春吴县堂上,尚有袁知县脚迹不?"他已经意识到自己当不长这个县令了。

袁宏道居然就在任上病倒了,而且病得还不轻。在给好友的信中他这样描述自己:"病来五月,鸡骨支床,面貌如烟,肘指如戟……"简直是皮包骨头了。他分析自己得病的原因:"一入吴县,如鸟之在笼,羽翼皆胶,动转不得。以致郁极伤心,致此恶病。大抵病因于抑,抑因于官,官不去,病必不瘥。"于是,他发出"宦心灰冷,归肠迫切,不肖虽愚,岂以七尺易一官。不肖行矣!"病了五个月,终于促成了袁宏道挂冠而走,不再当这个曾被人人羡慕的吴令了:"败却铁网,打破铜枷,走出刀山剑树,跳入清凉佛土,快活不可言!不可言!投冠数日,愈觉无官之妙。弟已安排头戴青笠,手捉牛尾,

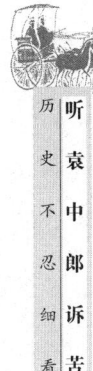

永作逍遥缠外人矣。"(《与聂化南》)

除了第一封为报喜信外，袁宏道在担任吴县县令期间写了几十封诉苦信，而这些直抒胸臆、情真语真的中郎尺牍小品成为晚明散文创作中一道亮丽的风景。

不要以为袁宏道不解为官之道，也不要以为他只是一位不问世事的名士。其实，他对国忧民瘼十分关心，所谓"每日一见邸报，必令人愤发裂眦"。(《与黄平倩》)他为官清廉，处世精明干练，而且识见过人，尤关心百姓疾苦，在任上做了许多惠民的实事。当吴县县令，政声远扬。他辞官时，当朝首辅大学士申时行说："二百年来，无此令矣！"

但袁中郎就是袁中郎，他向友人这样描述自己辞官的心境："抛却乌纱，作世间大自在人矣！少时望官如望仙，朝冰暮热，向不知有无限光景。一朝到手，滋味乃反俭（贫乏）于书生……譬如婴儿见蜡糖人，啼哭不已，及一下口，唯恐唾之不尽。做官之味，亦若此耳。"将官位比做蜡糖人，好看却不中吃，难怪本是一介书生的袁中郎要大呼其苦了。

一场由皇帝发起的造反运动

朱元璋是明代的开国皇帝，他从投奔红巾军起，到消灭陈友谅、张士诚、明玉珍等割据势力，到最后推翻元朝统治政权，历经大小八十余战，血染征袍，可以说是从马背上得到天下。对自己浴血奋战的果实，决容不得谁侵占，因此，他最痛恨官吏贪污腐败。洪武二年（公元1369年），他曾这样对百官们说："从前我当老百姓时，见到贪官污吏荼害地方，心里恨透了他们。今后，要立法严禁，遇有贪官，决不宽恕！"他说到做到，亲自审理官员的违法案件，并采取了极其严厉的措施来反贪肃贪。

在王朝法律之外，朱元璋又编制了《大诰》四篇，规定对贪污公款者按其犯罪轻重分别处以斩决、枭首、凌迟、族诛等重刑。其中一种酷刑叫做"剥皮实草"。他规定在各地县衙前面都设置一个土地祠。县里如果出现贪污的官员，凡犯赃银六十两以上者，都将其皮剥下，挂在土地祠内，塞上稻草，做成稻草人，使后任者见之胆寒，不敢效尤。

最早享受到这一待遇的是战功赫赫的明朝开国将军朱亮祖及其一家。朱亮祖被封为永嘉侯，镇守广州。当时的番禺县令叫道同，是一位廉吏，执法严明、刚直不阿。朱亮祖则因收受当地豪绅的好处多次与道同发生矛盾，并

以职权威逼道同让步。但道同却不因官职卑微而屈服,两人间斗争也一步步升级。一次,道同抓捕了恶霸罗氏兄弟。罗氏家族遂用重金买通了朱亮祖。朱亮祖竟动用军队包围县衙,强行将人犯解救出来。道同忍无可忍,只好向皇帝递送奏章,反映情况。朱亮祖早料到道同会告御状,已事先准备好奏折,并差军队快马急速进京,捏造事实,狠狠地参了道同一本。朱元璋看了朱亮祖的奏本,大怒,立马派人带圣旨去广州斩杀道同。过两天,道同的奏章也到了。朱元璋将两份奏章一对照,就发现不对头,再派人去追回圣旨,但已经来不及了。

对道同的被错杀,朱元璋真是又悔又恨。经过一番细密调查,他充分掌握了朱亮祖贪赃枉法的罪行,于是派大理寺官员到广州将朱亮祖父子绑到南京。朱元璋一见朱亮祖,怒上心头,二话不说,亲自动手,执皮鞭猛抽。侍卫们见状也一拥而上,朱亮祖和他的儿子朱暹就这样活活被鞭死。朱元璋还不解气,下令将参与此事的恶霸和广州官员全部处死。因为朱亮祖有战功,给他留了全尸,朱暹等人则被剥皮,悬挂在闹市,供人观看,以为警戒。

但就是这样,贪官污吏还是如潮涌不息,而且前赴后继地出现在朱元璋面前。比如发生在洪武十八年(公元1385年)的"郭恒案",号称是洪武朝最大的贪污案。郭恒时任户部侍郎,他利用职权一人贪污的财物折合精米两千四百多万石,差不多相当于当时全国一年的税粮收入。朱元璋气得七窍生烟,要求从中央部门开始,一级一级往下严查,决不姑息。结果,中枢六部和全国各地大部分官员都被牵扯进去。朱元璋下令,自六部左右侍郎以下的涉案官员全部处死。仅此一案,全国官员数万人被处死。而且,由于"寄赃遍天下",所以,"百姓中产之家大抵皆破"。更滑稽的是,朱元璋最后竟将办此案的负责人也杀掉了,还郑重其事地布告天下:"我让他们除奸,他们却借机扰害我民。此等坏人,决不在赦免之列。"

有学者认为,仅在朱元璋一朝,遭清洗的官员和与他们勾结的土豪劣绅被杀死的大约有十万至十五万人。在全国十三个省中,从府到县的官员很少能够做到任满,大部分都被杀掉了。当时,地方官员如能平平安安干到退休回家，举族为之庆贺。史料记载，有一年发榜派官三百六十四人，一年后，杀六人，而戴死罪、徒流罪办事者三百五十八人。可以说三百多个同科进士、监生统统获罪，一个不漏。朱元璋将这些人称为"不肖无福之徒"。

所谓戴死罪、徒流罪办事，也是朱元璋的一大发明。这成了明朝的一个奇特景观。犯人过堂时发现审问他们的官员虽然穿着官服可也同样戴着镣铐，后面还有人监视。出现这种情况是因为官员被杀得太多，一时找不到人顶替，于是，将已判了死罪的官员先打几十大板，上药疗伤后再送到各个衙门办案。活干完了，再看皇帝脸色，是死，是关押，是流放，再定。

可是杀完一批，流放一批，又冒出一批，真是"野火烧不尽，春风吹又生"。

于是，朱元璋公开发布命令，号召百姓起来造贪官污吏的反。朱元璋对各级政府官员十分严厉，而对普通农民呢，似乎要温和得多。他把农民看成是自己统治的牢靠基础。明朝建立不久，朱元璋就推行了以村为单位的里甲制度。朱元璋在自己编写的《大诰》里面规定，每个村子都应该定期举行村民大会，讨论村务，表扬近期行为高尚的村民。同时对那些行为不检的村民进行斥责和处罚，如果这些人屡教不改，村里可以以"顽民"的名义向朝廷申请将其充军。而《大诰》里的一个重要内容就是如何反贪肃贪。为了让《大诰》深入人心，朱元璋在全国举行读《大诰》运动，亲自在京城接见优秀村民代表，听取他们读《大诰》的体会，鼓励他们以《大诰》为武器，起来与贪官做斗争。

他规定，普通百姓只要发现贪官污吏，不必奏请朝廷，就可以把他们绑起来，送京治罪。路上各城门关卡必须无条件放行，如果有人敢于阻挡，不但要处死，还要株连九族。皇帝发动百姓造反，这在整个中国封建史上也是绝无仅有的。

除了让百姓检举揭发乃至造官员反外，朱元璋还在全国各地遍设情报人员，谓之"检校"。检校发现官员贪渎可以直接向皇帝禀告，朱元璋只要收到该类报告，即使是半夜三更也会起床处理。所以，他肃贪的效率很高，甚至

有的官员今天刚刚收到贿银,第二天就被抓走。

朱元璋使用了这么多手段来反贪,然而收效甚微,各地还是不断传来官员腐败的信息。于是急红了眼的朱元璋发布了更严厉的法令:"今后,凡贪污受贿的,不必以六十两为限,全部杀掉!"

但让朱元璋意想不到的是,并没有多少农民像他期待的那样起来造贪官的反。他不知道,坐上皇帝宝座的他,早就不代表农民的利益了,那么,还有谁愿意为维护他的统治,舍身而起呢?

公元1399年,随着朱元璋去世,这场长达三十一年的反贪运动也就黯然收场。

又聋又瞎的高令公

"六出飞花入户时,坐看青竹变琼枝。如今好上高楼望,盖尽人间恶路歧。"这是唐末大将高骈的咏雪诗。戎马一生、身经百战的高骈,诗里却没有一丝杀伐之气,赏景观世,流露出一种十分平和的心态,因此颇受后人好评。

高骈出身功臣世家,祖辈几代人都在禁军服役。他很年轻时就受到提拔,可谓少年得志。不过,跟一般的宫廷武士不同,史志中说他:"好为文,多与儒者游。"而且还喜欢和人谈论道家的学说,是一名不折不扣的儒将。高骈有勇有谋,年轻时在抵御党项人的作战中即屡立奇功,受到懿宗皇帝的赏识,职务也不断得到升迁。

当时镇守西南边境的将帅和地方官吏大多是昏庸无能之辈,南诏军队乘虚攻占交趾(今越南河内),接着又进袭黔中和西川,制造了唐朝西南的边患,长达十五年。西南地区的百姓被迫流离失所,苦不堪言。

公元865年7月,高骈受命担任安南都护和经略招讨使,率兵到安南(今越南)抗击南诏军队。他乘南诏军队忙于收割庄稼之时以五千精兵突然进行袭击,大败五万南诏军,并乘胜包围了交趾城。不久,高骈部队攻下了交趾城,斩首三万余级,南诏军队闻风丧胆,四散逃避。为了稳固南方,朝廷决

定在安南设置静海军,任命高骈为静海军节度使。高骈不仅率军队平定了安南之乱,而且还修筑了安南城,为百姓建造房屋四十多万间,使人心大定。同时,他又招募民工,疏浚了广州至交州的水路,海上漕运之路从此畅通无阻,充分显示了他工程建设方面的才能。懿宗皇帝大为赞赏,晋升他为检校工部尚书、天平军节度使,直至晋封燕国公。王仙芝、黄巢起义,朝廷让高骈统帅江淮的所有部队与之作战,并让他兼任江淮盐铁转运使,将兵权、财权和地方行政权都交给他;不久,又晋位检校太尉同平章事。高骈权倾一时。

在与黄巢起义军作战中,高骈屡次获胜,黄巢部将秦彦、毕师铎等数十人先后向高骈投降。高骈军威大盛,成为朝廷镇压起义军的主力部队。

但这位高骈,无论是在新旧唐书中,都被列入"叛臣传"。这是因为他很快就放弃了与黄巢军队的作战,收兵自保,并拒绝出兵援助已经逃到四川的唐僖宗。僖宗气愤之下先后下令罢免高骈诸道行营兵马都统和盐铁转运使职务。高骈从此与中央政权彻底决裂,成为自行割据一方的诸侯。

毅然脱离腐朽的唐王朝,不再为之卖命应该是高骈审时度势和深思熟虑的结果。此时的高骈,胸怀大略,意气昂扬,在江淮保境安民、厉兵秣马,有匡复天下之志。

但还是这个高骈,却因晚年好信神仙术,被方士吕用之蒙骗,弄得众叛亲离,被人说成是又聋又瞎;还因为吕用之的缘故,高骈与部将兵戈相见,最后全家被叛将杀害,英雄末路,落了个悲惨的下场。

这位吕用之,可以说对高骈的心理揣摩得十分透彻,很快就赢得了他的完全信任。吕用之让人在青石上刻上些奇怪的字句,如:"玉皇授白云先生高骈",秘密放在道院的香案上,故意使高骈在不经意中看到。高骈又惊又喜,对吕用之深信不疑。吕用之往往当着高骈的面呵斥风雨,对着天空作揖行礼,说是有神仙经过,高骈便随着他恭恭敬敬地拜神。在高骈的纵容下,吕用之当上了权力最大的莫邪军使,招募军中骁勇之士两万人。他利用职权,杀害了许多将领,弄得江南人人自危。

高骈平时崇尚节俭,而吕用之生活极尽奢侈排场,每次出行时随行人员近千人，还拥有侍妾一百多人。十分滑稽的是，由于吕用之用度过大，不够开支，便对高骈说，神仙总是要对人进行考验。因为学道的人往往不能去除世俗之累，所以神仙不肯降临。高骈就悉数去掉了姬妾，谢绝人事、宾客，整日吃斋，一切用度从简，一心一意闭门修道，将节省的开支尽数交到吕用之手上。吕用之则更加肆无忌惮，作威作福，甚至经常代高骈发号施令。久而久之，大家便只知道江南有个吕用之，竟忘记了还有一个高骈存在。于是，高骈的人生悲剧不可避免地发生了。

晚年的高骈，被神仙弄得神魂颠倒，吕用之更是乘势为非作歹，把个好端端的江南，搞得乌烟瘴气。高骈的侄儿曾经列出吕用之的罪状二十余篇，秘密呈交高骈，并向他哭着禀告，如果不除掉吕用之，恐怕高氏累代功勋一个早晨就被扫尽了。高骈却说："你醉啦！"叫人把他搀出去。江南官民暗地感叹："英雄一世的高令公如今是又聋又瞎。"终于，灾祸降临了。

光启三年（公元887年），高骈听说秦宗权将要进攻淮南，便派大将毕师铎率领骑兵驻防高邮。毕师铎本是黄巢义军的降将，平时惧怕吕用之加害于他，常存防范之心。没想到吕用之还是找上了他。毕师铎有个小妾很美丽，吕用之乘毕师铎领兵外出之机，偷偷占有了她。毕师铎又愧又恨，从此与吕用之结下了仇隙。

此时，掌握重兵在外的毕师铎联合各镇将领发布檄文，讨伐吕用之，兵临广陵城下。吕用之要求高骈出兵镇压。但高骈不愿意自家军队自相残杀，也不愿意和平日久的江南重新陷入腥风血雨之中，希望他们调解讲和。两人意见不一，终于闹得不欢而散。

高骈随即派人出城劝谕毕师铎退兵，但毕师铎开出的唯一条件是立斩吕用之等人。高骈却不能答应。

江南内战不可避免地发生了。城中的军民自发地加入到讨伐吕用之的行列，吕用之只好仓皇出逃。毕师铎入城搜捕吕用之余党，并软禁了高骈。

这时候，庐州刺史杨行密趁乱起兵，包围了广陵城。围城半年，城中粮食吃尽。被囚禁在道院的高骈全家也被守军残忍地杀害。而具有讽刺意味的是，高骈正是倒在他日日虔诚礼拜的神仙供像前。

弯腰后的一击

在嘉靖一朝，恃才傲物且大红大紫，但最后却弄得人头落地的是夏言。这位江西才子可以说是才华横溢，不但处理政务干练利落，而且能写一手漂亮的诗词歌赋，因此深得嘉靖皇帝的欢心和倚重，先调入翰林院为侍读学士，而后一路升迁，于嘉靖十五年（公元1536年）入阁参预机务，两年后，即登上内阁首席大学士——首辅的高位。

内阁大学士一职的设立始于明初的洪武朝。公元1380年，朱元璋诛杀宰相胡惟庸，同时将历朝历代已经实行了一千五百多年的宰相制度一并废除。让这个一人之下、万人之上的国家二号人物彻底消失，当然是一件快事。从此，国家的权力全部归到皇帝自己手上，想怎么说就怎么说，想怎么做就怎么做。这符合朱元璋的行事风格。但由此带来的新烦恼是，皇帝必须亲自处理每天大量的政务和文书报告。为了减轻文字负担，朱元璋想了个法子，特别设立一个内阁大学士制度，挑选一些职级较低、年岁较大而文字较强的官员充当秘书之职，但不参与政事。因为是皇帝的近臣，有的还是宠臣，此后，大学士——秘书们的权力一天天膨胀。大学士们不仅渐渐参与政事，而且开始兼任各部尚书、侍郎之职，权力地位不断提高。有的大学士还被授予正一品的头衔，位置已居诸臣之上。而最厉害的是他们掌握了"票拟"之权。所谓"票拟"，就是将全国各地、各部门送呈中央的报告，转到内阁，由大学士将处理意见"用小票墨书"后，分别贴在报告的封皮上，再呈送皇帝最后核准。"票拟"等于是为皇帝拟御批的初稿。而首席大学士，正是因为"票拟"，权倾一朝。

嘉靖十五年（公元1536年），已经担任了内阁次辅的夏言提举了比他年长两岁的同是江西老乡的严嵩。严嵩这年五十六岁，以为皇帝祝寿之名来到京师。与夏言一样，严嵩饱读诗书，能写一手好字好文章。但想要凭个人才华进入中枢机关，还必须拜码头。于是严嵩把目光投向了朝中正当红的老乡夏言。按照官场操作规则，他先向夏言进诗，诗中说不尽对夏言的溢美之词，而且完全把自己置于晚辈的地位。但一开始夏言根本不把这位年长自己的乡亲放在眼里，对严嵩的献诗不甚理睬。严嵩却没有放弃，他利用自己的生日宴会，恭请夏言赴宴。夏言没有答应。严嵩便跪在夏言家门口，将请柬举过头，并高声吟诵请柬内文。个性孤傲的夏言终于被严嵩的谦卑恭敬所感动，开始正眼看这位老乡了。不久，夏言便将严嵩引荐到内阁。

可以说严嵩在六十岁之前一直在弯腰，因而在官场上留下谦恭卑顺的好名声。在阁僚们眼中，身高一米八的严嵩，两鬓染霜，腰背微驼，整齐的官服难掩一副苍然老相。但他总是不惜长身弯腰，以蔼然之风面对上司和同僚。

不过，严嵩同时写得一手锦绣文章，恭顺而有文采，又处在中枢机关，很快就引起嘉靖皇帝的注意。嘉靖不上朝直接处理政事，而是终日沉浸在道家的修玄斋醮之中。为了向上天神灵表达自己的崇敬之情和良好愿望，他需要不断敬献辞采华丽、情意动人的辞章。因为这些辞章是用红笔写在青藤纸上，所以俗称青词。往往是皇帝出题目，而由内阁大学士完成。青词必须是骈体文，要求对仗工整，文辞优美。而严嵩所撰的青词，尤其让嘉靖欣赏。

严嵩很快就登上内阁次辅的位置。严嵩六十岁之前似乎没有太多贪渎的名声，否则也进不了国家中枢机关。可以说严嵩之所以背上千古恶名和骂名，除了他善于玩弄政治手腕外，很大程度还在于嘉靖朝畸形的人际关系，以及

他那个聪明而又不争气的儿子严世蕃。

各地官员纷纷通过严世蕃到严嵩这里走门子。与孤傲而清廉的夏言不同,这位和善的老头儿一是好说话,二是对儿子言听计从。人们都知道,只要买通了严世蕃,便是铺平了进阶的道路。

时间一长,严世蕃贪赃枉法的证据落在了夏言手中。情急之下,严嵩带着儿子严世蕃又一次来到夏言家中,长跪不起。这一次不是恭请夏言赴宴,而是痛哭忏悔,以求免祸。夏言又一次被感动了。他长叹一声,算是放过了这对老乡父子。

但是夏言对严嵩产生了警惕之心,他将"票拟"之权全部拿过来,同时将严嵩推荐提拔的官员,有的抓,有的贬,有的流放。严嵩只得忍气吞声,对夏言将腰弯得更低也更频繁了。轻易地收拾了次辅,夏言也颇觉得意,对严嵩的态度也更加倨傲。

而夏言不知道,他的志骄意满正渐渐地让皇帝厌烦。比如嘉靖在西苑斋戒居住时,因为路程较远,允许值班内阁大臣乘马进入。夏言嫌乘马累,独自乘坐小轿进出,嘉靖对此很生气。这也就罢了,可是主管文字的夏言还不断在辞章上出纰漏。嘉靖皇帝处理国家大事没有什么办法,但对臣下的文字要求却极苛刻。他曾经为一个错别字,将一位上疏言事的臣子廷杖一百,犹不解气,还要发配边疆充军。辞采过人且入阁多年颇多历练的夏言竟然也接二连三地在这上头跌跟斗。一次,皇帝让夏言撰写《居守敕》,夏言却让下属代笔,直到最后时限才交出稿子,嘉靖当然十分不快。还有一次,嘉靖二十年(公元1541年)八月,昭圣皇太后去世,夏言竟十分粗疏地在奏疏中误写字号,嘉靖看后勃然大怒。

嘉靖皇帝崇信道教,他喜欢一种叫"沈水香"冠的道士帽,便让人制作了五顶道士帽和五双道士鞋,分别赐给夏言、严嵩等五位臣子。夏言秘密上奏折说:"这不是做臣子按礼法应该穿的标准服装。"表示不能接受。这对正在走火入魔的嘉靖,好比当头一棒,他将奏折摔到地上,气得浑身发抖。而严嵩却在嘉靖召见时特意戴上"沈水香"冠,并配上"香叶巾",嘉靖果然非常高兴，对严嵩抚慰有加。严嵩乘机向皇帝哭诉遭夏言欺凌之事，促使皇帝下决心罢免夏言。

夏言三次被贬斥，又四次出任内阁首辅，说明了嘉靖对他的信任。他的被杀，一直被认为是严嵩制造的阴谋。其实，根源还在于夏言自己。明代边患已久，这也是皇帝最头疼的一件事。其时三边总督曾铣提出率军收服河套的计划，得到夏言的全力支持。不想，朝廷正在讨论该计划的得失，边关已传来消息，蒙古俺答部落大举入侵延安，朝廷震动。言官上疏弹劾曾铣未经朝廷批准"开拓边界，挑起战端"。嘉靖下令调查曾铣，有司认定是夏言指使，擅自批准曾铣行动。夏言不服，上疏争辩，其中甚至提到内阁"票拟"得到过皇上批准。刚愎自用的嘉靖皇帝哪里容得夏言如此抢白，立即下诏逮捕曾铣，同时将夏言革职查办。

夏言被斩首，在内阁一直弯着腰的严嵩开始挺起身子。不过，他也注意到，此时一位得到夏言多年提携的中年才俊进入了内阁，他就是徐阶。也是因为能写一手漂亮的青词，徐阶得到嘉靖的赏识。徐阶进入内阁十多年，平时礼贤下士、低调做人，对首辅严嵩更是毕恭毕敬，不敢与他有任何意见相左。严嵩极重老乡情谊，大量提拔江西官员。为了博得严嵩的信任，徐阶甚至以躲避倭寇的名义，加入了江西籍。严嵩自己也以夏言之祸为戒，对徐阶只是提防而已，表面上还是客客气气。但严世蕃则不同，倚仗父亲权势，对徐阶多行无礼。徐阶总是曲意强忍，他在等待时机，而这一等就是二十年。

嘉靖在西苑修炼道教玄功，起床休息毫无规律，但对朝廷外的事仍然在意，并不时地派太监向严嵩传旨，询问处理方案。严嵩已经老迈，对皇帝突如其来的各种想法常常是瞠目结舌，不知如何应对。倒是儿子严世蕃头脑灵活，总能揣摩出皇帝此时的心意。严世蕃还用重金买通皇帝身边的太监，随时向他报告皇帝的行止和宫内外发生的事。因此，每次圣旨到，严世蕃已经有所准备，每次应对都让嘉靖满意且欢心。时间一长，弄得皇帝一天也离不开严嵩，严嵩也一天离不开严世蕃。严嵩对儿子越来越倚重，各部门有事要他裁决，他必说："待与小儿商议。"由于这个原因，严世蕃更加放纵自己，

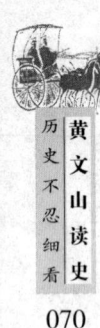

而朝中的贪官污吏乃至市井宵小之徒都群起投靠严世蕃，严世蕃已经成了群恶的中心。严世蕃过着花天酒地的生活，每天耽于宴乐，也不再到严嵩处守值。有时皇帝送书札提问题，太监守在值房催促等待。严嵩急忙派人找严世蕃解答。一时找不到，严嵩只好强猜圣意自己回复。即便找到，而正在寻欢作乐的严世蕃作答也难免草率。嘉靖看了很不高兴，同时也听说了严世蕃淫乐放纵的消息，对严嵩父子开始心生厌恶。

方士蓝道行以"扶乩"之术得到嘉靖皇帝的信任。一天，嘉靖问他，今天下为什么得不到很好的治理呢？蓝道行说，因为贤能的人得不到重用，而不肖之徒却不能斥逐。嘉靖又问朝中大臣是否贤能。蓝道行乘机回答，上天告诉他严嵩父子正在玩弄大权。嘉靖问："果然这样，上天为什么不除掉他？"蓝道行说："留待皇帝正法。"嘉靖默然无语。

徐阶一天天受到嘉靖皇帝的信任。他暗中支持御史邹应龙搜集证据，上疏弹劾严世蕃。奏疏中特别还提及严嵩"培植党羽，阻挡贤能之人，溺爱恶子"。嘉靖于是命逮捕严世蕃下狱等候审理，严嵩退休并立即离开京城。但严世蕃对此早有准备，他行贿太监报告皇帝说，邹应龙上疏是道士蓝道行有意泄露给他的。嘉靖大怒，下令逮捕蓝道行。蓝道行受酷刑但始终不肯承认有人指使，遂被处死。

徐阶安然无恙，稳稳地坐上内阁首辅的位置。

本来，严嵩父子一个退休返原籍，一个流放广东，俱有活命，徐阶似乎也无意再下狠手。但严世蕃却从流放地逃出，并放出风声："一定要取徐阶和邹应龙的头颅，以解此恨。"两年后，御史林润上疏称严世蕃聚众达四千人，日夜诽谤朝政，将有不测之事发生。徐阶动用了"票拟"之权，嘉靖下诏，将严世蕃逮捕至京，斩首示众。严嵩取消官籍，抄没家产。在严嵩面前弯腰了二十年的徐阶终于挺身给了他最后的一击。

王允其人

王允是东汉末年汉献帝时的司徒（宰相），他以设离间计杀董卓而扬名。在《三国演义》中，王允导演的是一出连环计，他物色到美女貂蝉，认做干女儿，然后一边将貂蝉介绍给董卓的爱将吕布，一边又将貂蝉献给董卓，以此造成董、吕两人的恶隙，最终借吕布之手杀掉董卓。因美女貂蝉，这出连环计上演得有声有色。但可惜的是，貂蝉是后人编造出来的，史籍中并没有任何关于这位美女的记载。而王允则实有其人，离间董卓和吕布的关系，布置吕布除掉董卓也是证据确凿。

公元189年汉灵帝病逝，十四岁的皇子刘辩即皇帝位。何太后临朝，她的哥哥大将军何进因此掌握了朝政。何进痛恨宦官干政，几次要求将中常侍张让以下宦官全部免去，但太后不准。无奈之下，他征召此时正带领重兵与黄巾军作战的董卓，让他将军队带到京城来，要借助董卓的威势来震慑宦官势力。可是当董卓率领大军到了离洛阳仅七十里的渑池，何进又犹豫了，毕竟他知道擅自调军队入京的严重后果。于是派人带了皇帝的诏令，命令董卓停止前进。

何进要清除宦官，身边还需要一个强有力的政治帮手，为此，他招呼时任豫州刺史的王允入京共同策划。

王允出身官宦家庭，史称他"少好大节，有志于立功，常习诵经传，朝夕试骑射"，被同郡人郭林宗誉为"王佐才也"。同许多官僚子弟一样，王允很早就投身仕途，凭着年轻人的血气方刚，倒也作出一些让平民百姓为之击掌的事。史书载，王允"年十九，为郡吏。时小黄门赵津贪横放恣，为一县巨患，允讨捕杀之"。东汉时，宦官气焰甚炽，常常为非作歹甚而鱼肉乡里，地方官都要让着他们三分。而独独王允敢对他们下手，而且毫不留情。何进正是看中了王允的胆略和果敢。

由于何太后的极力袒护，让宦官有了一把大保护伞。而何进的优柔寡断最终引来了杀身之祸。日子一长，他图谋诛杀宦官的计划渐渐泄露，张让等宦官感到十分恐慌，他们设计假传太后口谕，召何进进宫，然后在宫门内埋伏刀斧手杀掉何进。得知何进被杀，担任宫中守卫的袁绍在他叔叔太傅袁隗的支持下，和袁术、吴匡等将领带领手下士兵破门冲进宫中。张让等人见状只好挟持小皇帝刘辩和皇弟陈留王刘协仓皇逃命。

董卓听说宫中大乱，不等皇帝手诏，立即带领军队急速进京。他以快刀斩乱麻之势，将宫中所有的宦官全部杀掉，一个不留。西凉铁骑过处，血肉横飞，百姓惊恐不迭。董卓刚入洛阳时，马步军不过三千人。他怕自己带的兵少，不足以慑服众人，于是想了一个计策，每隔四五天，就派部队乘夜间悄悄出城，第二天天明，再大张旗鼓地回城，让人以为西凉军队又来了。洛阳城里没有人知道真情。当然董卓取得的最大成果是凑巧截住了正在逃亡的皇帝一行。他蛮横地终止刘辩的皇位，让陈留王刘协当皇帝，是为汉献帝。所有敢于反对他的官员，不论官位大小，一律拉出砍头。董卓的暴戾终于封住了百官的口。汉献帝被迫尊董卓为太师，准他带剑上朝，决定国事。董卓将皇帝牢牢控制在自己手中，俨然成了太上皇。

董卓军队入城时，朝中官员大多逃避，只有代司徒（代理宰相）王允还坚守在宫中。由于董卓只是一个地方军阀，不谙中央行政事务，大概他也听说了王允的声名和办事能力，对王允倒是信任有加。董卓掌权之后，"朝政大小,悉委之于允……卓亦推心,不生乖疑",完全把王允当成了自己人。王允却对董卓的所作所为恨之入骨,必欲除之而后快。他用计策收买了董卓部将吕布,制造内讧,让吕布在闹市杀了董卓。

董卓被诛杀,他手下的四员领兵大将李傕、郭汜、樊稠、李蒙十分恐慌,上表请求赦免。朝中不少大臣也认为元凶已死,这四人只是帮凶,能宽容则宽容之,让天下太平。而王允的回答是:"卓之跋扈,皆此四人助之;今虽大赦天下,独不赦此四人。"他的立场是除恶务尽,不留败类。见得不到朝廷赦免,李、郭等四人遂联合举兵造反,并于初平三年(公元192年)围攻长安。西凉军兵锋所向,直指王允。

西凉军队本来纪律松弛,董卓一死,更无约束。他们攻城略地,见到财物和妇女就抢。稍有不从,格杀勿论。蔡邕之女蔡文姬就是这个时候落入西凉军队之手。饱经忧患的她用血泪写下这样让人触目惊心的诗行:"马前悬人头,马后载妇女。"

面对如狼似虎的西凉军队,人心涣散、毫无斗志的汉军节节败退。情况十分危急,如何退敌,王允却无良策。而且,环顾四周,发现自己在朝中竟陷入孤立无助之地。他肯定想不通,他杀董卓,是为国家除了大害;革除那些依附董卓的官员,也是匡扶正义之举,可是为什么却得不到人们的全力支持?而逼死名儒蔡邕,更成了笼罩在他头顶上的一道挥之不去的阴影。

蔡邕是当时著名的文学家、史学家、书法家、音乐家和数学家。早年,他曾多次受到宦官的迫害。董卓专权时强迫他出来任职,担任过祭酒、持书御史等官职,跟随汉献帝从洛阳迁都长安。大概因为蔡邕的多才多艺,莽夫董卓倒是对他十分敬重。董卓被杀时,蔡邕正在王允家做客,听到消息,不免叹了几口气。王允当即放下脸来斥责他:"董卓是国家的大贼,你怎么还为他悲伤?"第二天,主持朝政的王允马上对长安朝官员进行排队清查,凡是与董卓来往密切的全部逮捕。他以近卓远卓作为划分敌我的界限,挥舞专政的铁拳,毫不留情,朝中人人自危。蔡邕因为为董卓叹息,也被人举报下狱。他写信给王允,表示愿意接受黥首刖足(刺面断脚)的重刑,乞求留下一命

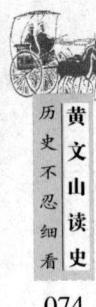

继续写完汉史。太傅马日䃅等人也纷纷为蔡邕求情。马日䃅说:"蔡邕是一位奇才,对汉史了解得最多,应当让他写完这部书。他的罪过其实很小,杀了他恐怕会让天下人失望吧!"但王允却不同意宽恕蔡邕,他的原则立场丝毫不能改变。绝望的蔡邕于是在狱中自尽。

王允当然不可能想到,蔡邕之死,彻底动摇了他在朝官和百姓心中的地位。

朝廷的军队根本抵挡不住董卓旧部的拼死进攻,打算率败军突围的吕布请求王允和他一起走。王允拒绝了,他说:"使国家安定,是我的愿望。现在这个愿望不能实现,我就只好奉献出生命。"

王允惨死在叛军的乱刀之下,时年五十五岁。其宗族不论老幼,尽被杀害。王允诛杀董卓,实现了自己为国除害的抱负。但他为人峻刻、刚愎自用,付出了何止是一己的生命?

也许王允至死也闹不清的是,他想安定国家采取的一系列极端措施会招致国家更大的动荡,百姓也因此陷入更大的浩劫之中。"白骨露于野,千里无鸡鸣"(曹操《蒿里行》)成了东汉末年最悲凉的一幕。

为自己掘坟

公元前361年,一位卫国年轻人响应秦孝公的"求贤令"孤身来到秦国。这位年轻人便是商鞅。商鞅时年二十九岁,胸怀治国大略,这和他从小研读刑名之学,仰慕吴起、李悝不无关系。

之前商鞅先来到魏国,想在这个中原强国一试身手。魏国相国公叔痤对商鞅的谋略十分欣赏,决定向魏惠王推荐。但这时的公叔痤已病入膏肓,他对前来探病的魏惠王说:"我死之后,希望能让商鞅代替我主持国政。"魏惠王不以为然,认为这只是公叔痤的病中妄语。

公叔痤看到魏惠王流露出对这位年轻人不信任的神情,便又低声对魏惠王说:"要是您不想用他,那么一定要杀了他。"

魏惠王当时没有反应。

事后,公叔痤回想起刚才对魏王说过的话,越想越后悔,于是连夜派人通知商鞅,让他赶紧逃命。

商鞅却显得十分镇静,对来人说:"谢谢相国的好意!请你回去告诉相国,魏王既然不能听他的话任用我,又怎么会听他的话杀我呢?"

魏王果然没有对商鞅下手。但不久公叔痤就死了,商鞅在魏国施展宏图

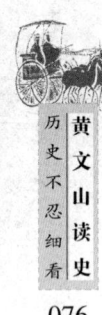

的梦想也就彻底破灭了。

恰在这时，秦孝公发布了"求贤令"。商鞅的目光越过函谷关，决定入秦。

刚刚登基的秦孝公只有二十二岁，却胸怀壮志，一心想振兴秦国。不过，一开始他对商鞅洋洋洒洒的治国大道理并不感兴趣。第一次见面，还没听商鞅说上几句，秦孝公就打起了瞌睡。第二次见面，秦孝公依然听得十分勉强。可是商鞅却表现得很顽强，秦孝公不得不再次接见他。这一次，商鞅不谈王道仁义了，劈头就问："当今天下四分五裂，大王您难道不想一统疆土，成就霸业吗？"

秦孝公一下子精神振作起来，他要的就是千秋霸业。他不由自主地向商鞅靠拢，紧握住商鞅的手，说："请先生教我。"

但对于商鞅来说，说服秦孝公，还仅仅是迈进秦国国门的第一道门槛。因为秦国一帮老臣、重臣对这位满口变法的毛头小子一点不买账。变法之说，一开始就遭到秦国上下的一片反对。为此，秦孝公让商鞅到朝会上亮相，公开辩论。大夫甘龙与商鞅在朝堂上进行了激烈的交锋。

商鞅说：民众不可以和他们商议开创事业的计划，而只能和他们分享成功的利益。因为谈论至高德性的人和凡夫俗子之间是没有共同语言的，所以，要成就大业就不能和芸芸众生一块谋划。变法自然是上层考虑的事。甘龙说：不然！"圣人不易民而教，智者不变法而治"，这是因为有祖宗之法可依，官吏才能熟悉管理秩序而百姓才能安定不乱。

商鞅反驳说：常人安于旧俗，学者限于所知。这两种人，让他们做官守法可以，但不可以探讨开创性的话题。聪明的人制定法律规则，愚笨的人只能遵循执行；贤德的人根据形势变更策略，无能的人才墨守成规。

商鞅还历数过往君王，凡是有作为的一定有所创造，有所超越，而陈陈相因往往导致国家衰亡。说着，商鞅提高了语气："苟可以强国，不法其故。"若要使国家强大，就不能拘泥于旧法则。

秦孝公听了拍手叫好，于是停止公开辩论，任命商鞅为左庶长，制定和推行变法。左庶长在秦国是一个相当重要的角色，一般由立有重大军功的人担任，既是官职，也是爵位，可以受国君委托，上马治军，下马管民。

商鞅知道，推行新法，制定新政策，最关键的是要让普通老百姓相信。但怎样才能取信于民呢？他想了一个法子，令人在国都的集市南门竖立一根三丈高的木杆，接着向围观的百姓宣布：谁能把这根木杆扛到北门，赏钱十金。这可是从没见过的重赏啊，老百姓都不相信是真的，没有人响应。商鞅见状又宣布将赏钱一下提高到五十金。终于，有人心动了，一个年轻人站了出来，他很轻松地将木杆移到北门，同时很轻松地拿到五十金的赏钱。

举国为之轰动：这个新上任的左庶长是信守诺言的。变法便从南门竖立的这根木杆开始。

公元前356年，商鞅放手一博，在秦国进行了一系列的改革。为了整肃社会秩序，在郡以下设置了"县"，将百姓严格编制，互相监督，犯法连坐。这就大大强化了中央对地方的控制，法令从此能一贯到底。土地制度变化了，废除旧的井田制，打破土地疆界，鼓励农耕。凡致力于本业，能够多耕田织布的人，免除他们的赋税，反之，则全家没为国家的奴隶。爵位等级制度建立了，此后，不分平民贵族，以战功授奖，获得相应爵位。因为杀敌取胜可以带来荣誉、财富和地位，秦国军队的战斗力大大提升。

变法实行十年后，秦国力迅速增强。"秦民大悦，道不拾遗；山无盗贼，家给人足；民勇于公战，怯于私斗，乡邑大治。"不久，商鞅率领秦军大败魏军，夺取魏国河西之地，迫使魏国迁都。迫于强秦的实力，连周天子也向秦国表示祝贺。此时的魏惠王痛悔不已：当年要是听公叔痤的话杀掉商鞅这小子就好了。至此，普天之下，秦国之外，已无强国。

商鞅因为变法的贡献被晋升为大良造，封赏於、商十五邑，号商君。巨大的荣誉与权力倾覆朝野，商鞅也因此达到人生的巅峰。

变法使得百姓富足、国家强盛，但新法取消了旧贵族的特权，也招致他们的不断反抗。早在变法之初，太子驷就指责过商鞅，认为新法过于严峻。而商鞅明确规定，任何人都要遵守新法，更不允许批评新法。虽然是太子，

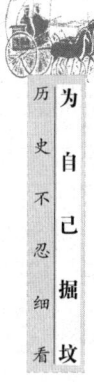

商鞅一样不手软。治不了太子的罪，商鞅将账算在太子的两位老师身上，公孙虔被割了鼻子，公孙贾脸上被刺了字。

这时赵良来见商鞅，商鞅问他：你看我治理秦国和当年秦穆公时期的国相百里奚相比，怎样？赵良回答说：恕我直言。百里奚原是楚国的乡野之人，秦穆公将他擢拔到万民之上。他担任相国六七年，做了许多大事，但小心谨慎，在国内巡视，从来没有前呼后拥的架势。而先生你呢，一出门，车甲尾随，十分威风。此外你借助变法，肆意凌辱贵族大家，害得公孙贾刺面受刑，公孙虔更是因为被割了鼻子，八年不能出门。你做的这几件事算不上以德服人，只会引起仇恨。一旦秦王有个三长两短，秦国用来逮捕你的罪名还会少吗？

变法一直进行了十八年，公元前338年，秦孝公去世。太子驷继位，是为惠文王。形势陡然变得对商鞅极为不利。

现在，太子登基了，公孙虔等人终于等来了机会，他们告发商鞅谋反。商鞅有口难辩，只有选择逃亡。

商鞅乘夜色逃到了函谷关。但由于出逃太急，竟忘了带身份证明，不仅不能出关，连客栈也不让他住宿。店主告诉他："这是商鞅大人制定的法律，留宿没有身份证明的旅客，店主要受连坐之罪。"

商鞅为之叹息："嗟乎，为法之敝，一至此哉！"当年意气扬扬发布连坐令时，哪里想到法律之剑会落到自己头上？商鞅想到魏国去，但魏国正痛恨他率领秦军夺走河西之地，拒绝接受他。走投无路的商鞅只好回到自己的封地，在那里仓促组织起一支人马，准备对抗政府军。

这支临时拼凑的乌合之众遇上经新法锤炼出的虎狼之师自然一败涂地。商鞅被执回咸阳。秦惠文王对他实施了残酷的车裂之刑，同时告诫国人："莫如商君反者。"

商鞅终于倒在了自己掘好的坟墓里。

无所作为的孝宗皇帝

宋高宗晚年，朝政已经相当腐败。因此，不少大臣把驱逐金人、恢复中原的希望寄托在皇太子赵昚身上。著名将领岳飞就是其中一个。高宗赵构是宋徽宗的第九个儿子，当时被封为康王，如果不是靖康之乱，本来没有资格当皇帝；加上他自己没有儿子，而抱养来的皇太子却是堂堂正正的开国皇帝赵匡胤的后裔。民间都知道赵匡胤传位给弟弟赵光义的故事，因此对皇太子更多了一分同情。而天长日久这事就成了高宗的一块心病。岳飞之被高宗杀害，虽说是当时朝廷文武两大集团日益尖锐的矛盾激化的结果，但积极拥立太子继位也是重要的原因之一。高宗借秦桧之手杀了岳飞，暂时缓解了两大集团的矛盾，可是那块心病依然难除。公元1162年，在内外压力下，已经当了三十六年皇帝的高宗终于退位，三十七岁的皇太子登基，是为孝宗。

孝宗之所以会得到全国军民的拥戴，和他在当太子前的优良表现分不开。当金主完颜亮亲率大军南侵，两淮失守之时，朝中大臣纷纷劝说高宗退避。而孝宗（时任建王）却义愤填膺，请求带兵出征并担任前锋破敌，给南宋军民强烈的振奋。

按说孝宗皇帝确实是想干一番事业的，这从他即位之初就诏令朝廷内外

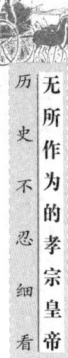

臣子大胆向他陈述时政的弊病以及振兴祖业、光复山河的良策可以看出来。事实上,孝宗执政二十多年间,众多朝臣也不间断地用上疏、廷对、进札等方式,对当时的政治、经济、军事问题提出各种各样的建议。这其中包括朱熹、吕祖谦、陆九渊、杨万里等一代名儒。

即使在今天,回首当年宋廷上这一派热闹情景仍然让人感慨不已。怀着各种各样动机的当朝和地方上的文武大臣围在胸怀壮志的皇帝身边,或鼓动如簧之舌,侃侃而谈,或上封进札,洋洋万言,让皇帝相信他们的赤胆忠心和安邦兴国的宏议博论。孝宗倒也不厌其烦,不断地接见大臣,不断地披览奏折,但结果如何呢?

在向皇帝进言的大臣中,朱熹的见解最为突出,他说做帝王的学问,必须先从研究事物的原理获得知识,然后掌握事物的变化,发现规律(义理)。根据这个义理,他分析了抗金形势和恢复中原的积极意义,又谈到百姓的利益和国家安危的关系,继而指出各级官员们的贪赃枉法,已成为社会公害。孝宗刚开始对朱熹的言论很感兴趣,特地召他入朝对策。可是,当朱熹进一步阐述自己的观点,特别是指出皇帝要正君心亲贤臣远小人时,孝宗就不高兴了,他不喜欢说教之词,甚至还当场发怒。这样,大臣们便知道,皇帝还是爱听顺耳的话。于是,阿谀奸佞之徒大行其道,逢迎拍马、曲意奉承之风把一个本来没有多少智慧和魄力的孝宗皇帝吹得晕晕乎乎。在这种情况下,许多爱国志士椎心泣血的主张,如陈亮的《中兴论》、辛弃疾的《美芹十论》等自然被搁置不理了。

此时全国上下争论的中心首先是在对金的军事对抗决策上。还在孝宗皇帝即位之初的隆兴元年(公元1163年)三月,金国统帅纥石烈志宁就致书宋朝,要求割让海、泗、唐、邓四州,兑现金宋旧约,否则将出兵南下。南宋朝廷顿时一片混乱。以张浚为首的主战派和以史浩为首的主和派吵成一锅粥。经过朝廷一番激烈辩论,急于表现自己强烈事业心的宋孝宗起先自然是倾向主战一方,于是派张浚、李显忠先后率军渡淮抗击金兵。但随着战事不断失利,孝宗又很快倒向主和派一边,相继派出庐仲贤、王之望等人出使金国,与金人谈判议和。和谈持续了十几年，金人的态度不断强硬，而把持朝政为孝宗所倚重的汤思退则侥幸和议速成，导致边备尽弛。公元1164年，金国军队渡过淮河，楚州、濠州、滁州相继失陷。汤思退的误国失地招致国人的一片痛骂。汤思退本人也在骂声中仓皇死去。

这时，在军事、外交和内政都陷入窘境的孝宗皇帝又想起了朱熹，再次召他进宫入对。朱熹毫不客气地指出："陛下临御二十年间，水旱盗贼，略无宁岁……"是什么原因呢？他一连问了八个有没有，如"君子有未用而小人有未去与？""大臣失其职而贱者窃其柄与？""直谅之言罕闻而谄谀者众与？"句句击中孝宗的要害。这回孝宗倒没有发火，但即便是后悔也无济于事了。

当年，高宗召起居郎张栻进宫对策。高宗问张栻知不知道敌国的情况？张栻说，不知道。高宗说，听说金国发生饥馑，盗贼四起。张栻说，敌国我确实了解不多，但国内的情况我还是知道的。近几年水旱连连，百姓贫困日甚一日。财政匮缺，军队战斗力也在减弱。即使金国国情可以图谋，我们也没有能够战胜他们的力量啊。大臣们整天光谈论敌国的不足又有什么用呢？见高宗有些听进去了，接着他又一针见血地对高宗说：我觉得，陛下身边不是缺少说事的人，而是缺少晓事和办事的人。一席话，让高宗哑口无语。

事实上，让朝野寄予重大希望的孝宗比之昏庸无能的高宗更没有多少作为。二十六年过去了，被朝廷无休无止的争论声弄得身心俱疲的孝宗借高宗皇帝去世要守孝为名，赶紧传位给皇太子。

遭遗弃的战事

公元1853年，五十万太平军从武昌出发，水陆并进，浩浩荡荡，下九江，破安庆，一举攻克南京。

根据李秀成自述，太平军最初的设想是打下江南后立即进军河南，取河南为业。定都南京，据说是东王杨秀清听信了一位船上湖南老水手的话："河南河水小而无粮，敌困不能解救。尔今得江南，有长江之险，又有舟只万千，又何必往河南。南京乃帝王之家，城高池深，民富足余，尚不立都，尔往河南何也？"这个在南京建都的意见不仅打动了东王，更打动了天王。

建都南京后，洪秀全和杨秀清等诸王就迫不及待地开始经营自己享乐的"小天堂"。太平军如江潮般汹涌澎湃不可阻挡的气势也戛然而止。

在太平军进入南京的第十三天，向荣即率所部一万多清军尾随而至，在南京城以东二十里处建立江南大营；五天后，琦善等人也率领万余清军在扬州到浦口之间扎下江北大营，对南京形成合围之势。扬州一线随即发生了激战。大约是为了减轻清军对南京的压力，制造太平军欲北上夺取燕都的假象，定都南京仅仅两个月，太平军就临时组建了一支北伐军团。北伐将士大多是从扬州前线匆匆被抽调出来的。现存的太平天国的资料表明，北伐是天王洪秀全和东王杨秀清共同策划的。根据洪秀全和杨秀清的指令，这支北伐军的进军目标是疾趋河北，扎住天津，作虎视燕都之势，而后等待援军，会同进攻。

公元1853年5月8日，林凤祥和李开芳率军自扬州西进。5月13日，在浦口会合自天京出发的吉文元部共两万多人开始了北伐征程。这支由太平军精锐部队组建的北伐军转战半年，进展迅速，但其行军路线则都是避开强敌，一路绕道河南、山西，乘隙前进。起初，这支人数不多且飘忽不定的军队并未引起清廷的足够重视，直到北伐军攻下河北深州，威胁保定，引起京都一片恐慌，清廷才急调胜保和僧格林沁率重兵合力防堵。

在清军的重重围攻下，势单力薄的北伐军很快就陷入被动。林凤祥、李开芳指挥部队绕道东走，连破献县、沧州，于10月29日占领天津西南十公里的静海县和独流镇，前锋进至杨柳青。北伐军原想占领天津，但胜保先一步赶到，于11月5日进入天津。僧格林沁也移营天津附近的杨村。天津防御力量已大大加强。北伐军无力再进，他们在静海和独流两地驻扎下来，同时报告天京，要求速派援军。

根据李开芳的自述称，他与林凤祥、吉文元率军渡过黄河，直入河北，始终没有接到洪秀全的信件和命令。他派人向南京营中寄信三次，也从未得到回复。因为南京方面没有新的指令，林凤祥、李开芳只能按照原计划行事——"扎住天津"，由此一步步造成军事行动上不可挽回的被动局面。

此时，胜保的两万清军已将静海和独流团团围住，很快，僧格林沁的蒙古骑兵也加入了攻城的行列。北伐军忍受着寒冷和饥饿，与数倍于己的强敌缠斗，在天津附近整整坚持了一百天。

这一百天里，北伐军拼死血战，伤亡惨重，且弹尽粮绝，但援军却毫无动静。不得已，林凤祥、李开芳和吉文元只得率部突围南走。激战中吉文元阵亡，北伐军的处境更加困难。公元1854年5月5日，北伐军占领东光县的连镇。清军于当天赶到，再次将北伐军紧紧包围。在这里，他们终于听到了援军北上的消息，于是李开芳率六百名骑兵冒死突出重围，南下准备接应援

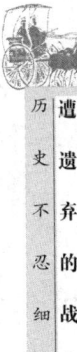

军。哪里知道,那支七千多人的北伐援军在距他们仅一百公里处的山东临清即遭清军重创而溃散。李开芳部在进入山东高唐州后也被清军围困。现在,两支太平军被分割两处,清军的屠刀高悬头顶。但就在这样危殆的境况下,太平军仍在顽强坚持。林凤祥死守连镇十个月,将士大部阵亡。公元1855年3月7日,清军攻进连镇,林凤祥受伤被俘,押送北京后就义。当李开芳获悉林凤祥部覆灭时,决意突围南返,至茌平县冯官屯,被僧格林沁部包围。5月31日,清军攻陷太平军阵地。李开芳被清军捕获,于6月11日遇害。

两年间北伐的将士始终在浴血奋战,可是他们的天王每日都在做些什么呢?

实际上,自定都南京,住进天王府后,洪秀全再也不理政事,只是在后宫尽情享乐。所以北伐也罢,西征也罢,一概被他抛诸脑后。北伐军迭次递送的一应战况从来就没有到达过天王府。一支孤军就这样被遗弃在北方险地,无人问津。

太平军在普通士兵中严格实行男行女行制度,平时夫妻分隔,不得相聚,每周只准见面一次,违者格杀勿论。但高级将领例外。洪秀全更是将妻子多寡作为文武官员的特权,他规定:"大员妻不止,无职之人,只娶一妻。"金田起义时,洪秀全就纳妃十五人,一年后到永安,分封诸王,他已有后宫三十六人。

进南京后,洪秀全每次做生日,皇宫总管蒙得恩就要为他献上美女六人;每年春暖花开之际,蒙得恩还要在十三道城门口设卡,从过往的女子中挑选容貌姣好者,同时张榜规定:"所有少妇美女俱备天王选用。"

1861年,太平军攻占苏州,洪秀全从李秀成选送到京城来的美女中挑出一百八十人收入天王府。

据记载,天王府共有女官两千多人,其中八十八个为天王后妃。这八十八个后妃,一律没有封号,统称为妻。因为妻妾太多,洪秀全根本记不住她们的名字,怎么办呢?他想了个主意,就是将她们依次编号,于是宫中就有了"26妻""88妻"这样的叫法。还有上千名宫女,则连数字编号也没有,天王可以随时随地召用。

天王对朝政可以不闻不问，却平均三四天写一首诗管教宫中美人。比如诗17、诗18中这样写道："服事不虔诚一该打，硬颈不听教二该打，起眼看丈夫三该打，问王不虔诚四该打，躁气不纯静五该打，讲话极大声六该打，有唤不应声七该打，面情不喜欢八该打，眼左望右九该打，讲话不悠然十该打。"

洪秀全自四十一岁时进南京，到五十二岁时自杀，十一年间几乎没有出过城，甚至很少出宫，整日沉溺于温柔乡中。最兴师动众的一次出宫，是坐着六十四人抬的大轿到东王府看望生病的东王杨秀清。北伐战事可以抛诸脑后，但对杨秀清，天王还是必须经常挂在心头的。因为，此时天王和东王之间，已在酝酿一场血斗。

洪秀全日日躲在深宫寻欢作乐，不再露面，天国将士和全城百姓没有人能见到他。以致在太平天国建都四个月后，清江南大营统帅向荣在给清廷的奏折中居然这样说："洪秀全实无其人，闻已于湖南为官兵击毙，或云病死。现刻一木偶，饰以衣冠闷置伪天王府。"

东王杨秀清是太平天国的实际掌权者和军事统帅。不过，对天朝派出的这支北伐孤军，他似乎也不太关注，基本上是放任自流。让人惊讶的是，从1853年5月到1854年2月的整整九个月中，杨秀清和太平军统帅部竟没有对北伐军作出任何指示和继续增兵的措施。直到1854年2月，大概是接连收到了林凤祥和李开芳的求援信，杨秀清才派出一支援军，由夏官副丞相曾立昌等率七千人北上接应。援军失败，北伐军危殆的消息传来，天朝震动。在朝野的强大压力下，杨秀清允诺再派出一支援军，由天朝大将秦日纲统帅。但这只是一个掩人耳目的幌子。果然，秦日纲以"北路官军甚多，兵单难往"为由，不肯北上。杨秀清也就不再过问北援之事，坐视北伐军覆灭。

如此天国，不亡何待？

复台复复台

公元1661年,郑成功率两万将士自金门料罗湾出发,经过激战,从荷兰人手中夺回台湾。一年后郑成功逝世,其子郑经率众以台澎为基地,继续与清廷对抗。二十三年后,清福建水师提督施琅率舰船自东山出发,大败郑军刘国轩部于澎湖。郑成功孙子郑克塽投降,台湾重归中央政府。

郑成功攻取台湾,他的最初动机,当然是想在台湾建立抗清基地。但这一举动本身,却为中国领土的完整作出了重要贡献。因为,如果没有郑成功驱逐占领台湾的荷兰殖民者,时间一长,台湾的归属就成了问题。而施琅自公元1662年上疏议请复台,至公元1683年攻取台湾,前后二十年,百折不挠,卒成大业,使得裂土重光。他们二人都为中华民族统一大业作出了卓著的贡献。而郑成功和施琅之间的个人恩怨,也得到了结。

施琅早年即投身郑成功父亲郑芝龙所部,因勇冠三军,战功显赫,升任游击将军、副总兵等职。公元1645年,隆武政权在福州建立,军权则全部掌握在郑芝龙、郑鸿逵兄弟手中。清军迅速集结,准备从江西、浙江分两路进攻福建。

其时,郑成功驻兵光泽县的杉关,施琅与叔父施福驻扎在武夷山的分水关。两地皆为江西入闽的要隘。郑芝龙暗地里决定降清，下令从仙霞岭前线撤军。隆武二年（公元1646年），清军从仙霞关和分水关入闽。郑成功后路被抄，只能从杉关撤退。他先退至福州，无法立足，再退安海。在安海，郑芝龙、郑成功父子之间发生了激烈争吵。郑芝龙不顾郑成功的反对，决意降清。郑成功只好带少数军队下海，继续抵抗。而施琅叔侄所部则被改编为清军，从征广东。

永历二年（公元1648年），反清浪潮遍及江南。施琅叔侄隶属的两广提督李成栋也打起反清复明的旗号。这时，施琅留在家乡的弟弟施显已率家人投奔郑成功抗清的根据地厦门。在郑成功的感召下，施琅叔侄也分率水陆两支部队离开广东，重归郑成功阵营。施琅回归，大大加强了郑成功军队的战斗力。

而对郑成功特别重要的是，在施琅的筹划和帮助下，郑成功在厦门袭杀拥军自立的郑联，收编了他的部队。这支原属于郑芝龙的海上力量，使得郑成功有了更大、更自由的制海权。

郑成功以明招讨大将军的名义号召部众。他的部下，有来自各方面的势力。郑成功将他们分为诸镇，大的镇数千人，小的镇几百人不等。其中，施琅、施显兄弟统领的二镇兵力最强，他们久历战阵，敢战善战，成为郑军的前锋精锐。而随施琅回归的将军如万礼、黄廷、洪习山、甘辉等还先后成为郑成功麾下的重要战将。

不过，由于施琅部队的加入，郑成功军队的政治成分也发生了一些变化。施琅所部在短短的数年间经历了抗清、降清、反清三个阶段，政治态度变得十分混沌。他们最大的愿望是为扩大自家地盘而战，为增强自身实力而战，而不是为了壮大和巩固南明王朝。这在一定程度上影响了郑成功军队的走向，甚至影响了郑成功本人的作战方略。

永历三年（公元1649年），郑成功军队在云霄大败清守备张国柱所部，先锋施显杀死张国柱。之后，郑军进入广东潮州，占领了大片土地。郑军不仅与清军发生激战，与驻守潮州的南明军队也发生了多起军事摩擦。潮州是

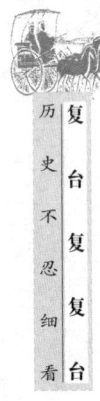

著名的产粮区，郑成功曾经上疏永历朝廷，要求将郝尚久控制的潮州转交给自己。接着，郑军大举包围了潮州府城。永历朝廷派员调停无果，郝尚久一怒之下，投降了广东清军。

郑成功对施琅十分信任，让他出任左先锋，"凡军事必谘商，于楼橹施帜，阵伍之法，皆琅启之"，"军储卒伍及机密大事悉与谋"。二人关系"相得甚"。由于郑成功的处处优渥和事事倚仗，施琅兄弟在郑军中权势很大。施琅也确实起到了郑成功智囊和军队中坚的作用。两人共事五年，这五年是郑、施的蜜月期。

郑成功时年二十五六岁，施琅年长其三岁，还不到三十岁。各镇将领也都是清一色的年轻人。年轻将领容易意气相争。而施琅兄弟"俱握兵权，每有跋扈之状，动辄倚兵凌人，各镇俱受下风。惟后镇陈斌每与之抗"。但最终陈斌还是无法在郑军中立足。永历四年（公元1650年）闰十一月，陈斌率兵出逃，后据潮阳降清。陈斌降清，对郑成功震动很大。

之后，施琅家丁与右先锋黄廷手下的人发生争执，施琅竟率人到黄廷营中谩骂和摔毁东西。黄廷告到郑成功那里，郑派人去责备施琅。但施琅却"面从心违"。郑成功心中十分不快。

永历五年（公元1651年），郑成功与施琅之间终于发生了激烈冲突。起因是投奔郑军的南明战将曾德因犯事得罪了施琅，躲入郑成功府中。而施琅竟然不经禀告，就擅自带兵冲进郑成功府中，将曾德捉回。郑成功急忙派人传谕，要施琅放人。施琅不但不听还指责郑成功"自徇其法"，遂将曾德杀死。郑成功勃然大怒，下令拘捕施琅。施琅旧部苏茂冒着生命危险将施琅放走。于是郑成功将施琅父亲施大宣、弟弟施显斩首示众。施琅走投无路，投降了清朝。两人因私怨而构成大衅。

因为明朝是汉人的象征，而清朝在一部分人眼里只是异族王朝。因为施琅叛明降清，所以，在很长一段时间里，施琅被指斥为"叛徒"。

施琅在清军中受到重用，由副将到总兵，到水师提督，并成为率军统一台湾的前线指挥官。

康熙三年、四年，施琅曾率水师两次出征台湾，两次均遇台风，人仰船倾，致无功而还，还引起清廷的猜疑。

二十一年过去了，施琅已经六十二岁，依然壮心不已。其实，对是否以武力收取台湾，清廷里意见并不一致。如宁海将军喇哈达、福建水师提督万正色都认为"台湾断不可取"。康熙皇帝咨询朝臣意见时，也有不少人说："海洋险远，风涛莫测，长驱制胜，难计万全。"面对这种情况，施琅矢志不渝，力陈收取台湾的重要性。如果说，施琅最初提议攻台，还多少带有为家人复仇的成分，那么，现在，他早已将个人恩怨抛诸脑后。也正因为此，复台之议，得到康熙皇帝的首肯。在大学士李光地的力荐下，他终于披上战袍，等来了进军台澎的时刻。

施琅率军于康熙二十二年（公元1683年）六月十四日由铜山（东山）起航，十五日晚泊于澎湖的八罩埤屿。刘国轩闻报，急忙调军迎敌。刘国轩本是郑军骁将，所部皆精锐，熟悉海汛，长于海战。施琅也认为郑军将领能与之争锋者，只有刘国轩一人。

但在得知施琅舰队泊于八罩埤屿后，刘国轩便不以为然，他对众将分析说，八罩埤屿，四面没有遮拦，早晚风起，清军一定不战自溃。他还这样说："谁谓施琅能军，天时地利莫能识，诸军但饮酒，以观其败耳！"施琅何尝不知道自己泊于危地，但因澎湖三十六岛，凡可泊舟的军事要地，都掌握在郑军手中。他说："三军命悬，悉听之天。"

一开始，战斗并不特别顺利，但接着战事发生了戏剧性的变化。大学士李光地生动叙述了二十二日两军决战情形："十七日，与刘国轩打了一仗，互有损伤，蓝义甫（蓝理）腹受七枪，肠皆流出。众兵不力，施欲斩副将以殉总兵，叩求方止。施申明约束，每日挑探。至二十一日晚进兵，刘国轩方整兵御敌，望见一点黑云从天末起，刘云：'不用排兵，但排酒来作戏。'曰：'立见来船漂没矣。'盖黑云乃起风之征也。酒筵方设，而有殷殷之声，刘愕眙顾众将，曰：'何声遽鸣遽息？'饮酒自若。移时，声复作，刘云：'岂雷声耶？'语未毕，而轰然一声大作，盖云起必飓风起，雷声作则风云立散。刘由

是将筵席踢翻,长叹曰:'此天也,非人也。罢!罢!速具舟楫。'乃自乘小船,而常所坐大船有蠹者,以别人乘之。其全军覆没,惟国轩遁逸。"六月,是台风频发的季节。刘国轩面对强敌,不做准备,竟然将全部希望寄予台风,当然不能不败。

反观施琅,战前即对战情做了充分的分析和准确的估计。他认为郑军武装力量不满两万人,而且兵员素质、装备都很差,没有太大的战斗力。在选择进攻地点时,当时有两种意见,一是先攻取澎湖再取台湾;一是大队舟师直指台湾。但施琅主张用第一种意见。他认为"澎湖为台四达之咽喉,外卫之藩屏,先取澎湖,胜势已居其半"。大军攻下澎湖后,可以"扼其吭,拊其背,逼近巢穴,使其不战自溃,内谋自应"。特别是驻守澎湖的是郑军头号悍将刘国轩。打败刘国轩,则郑军闻风丧胆,台湾可以不战而下。他不但派出间谍打入郑军内部窥探虚实,充做内应,还独驾小舟,潜往澎湖,了解地形和郑军布防,做到了"算定而后战",牢牢掌握了作战的主动权。在进军时间和风候方向的选择上,施琅采用了熟悉海上形势的陈昂之建议。按一般规律,夏季台湾海峡多台风,不宜出海。但施琅认为应以夏至南风为信。因为乘南风由铜山(东山)进军,清军居于上风上流,而郑军居于下风下流,进不能战,退不能守,劣势就在敌方。事实证明了施琅的进军方略是完全正确的。

对这场决战的严酷,李光地似乎有些轻描淡写,其实,双方海战十分惨烈。"炮火石矢交攻,有如雨点。烟火蔽天,咫尺莫辨。"(施琅《飞报大捷书》)两军自辰时鏖战至申时,郑军损失巨大,"势穷难支",终于战败。刘国轩乘小快船狼狈逃回台湾。

此役,郑军战船损失殆尽,"精锐全覆",将士阵亡一万两千人,投降五千人。清军也死伤官兵两千余人。

清军攻下澎湖后,有人向施琅进言:"公与郑氏三世仇,今郑氏釜中鱼、笼中鸟也,何不急扑灭之以雪前冤?"施琅回答:"吾此行上为国,下为民耳。若其衔璧来归,当即赦之,毋苦我父老子弟矣!何私之与有?"他还郑重声明:"断不报仇!当日杀吾父者已死,于他人不相干。不特台湾人不杀,即郑家肯降，吾亦不杀。今日之事，君事也，吾敢报私怨乎？"

施琅耀兵澎湖而不急取台湾的策略，为和平收复台湾铺平了道路。

澎湖军败，郑氏集团惊慌失措，一片混乱。在这期间，施琅不断开展政治攻势，他发布《安抚输诚示》，专程派人到台湾，张贴布告，明确宣布：郑氏集团若能真心来归，"官则不失爵秩之界，民则皆获缓辑之安，兵丁入伍归农，听从其便"。希望百姓"各自安意生业，无事彷徨惊心"。明白无误地表达了和平解决台湾问题的诚意。同时他还派遣原刘国轩的副将曾蜚到台湾招抚刘国轩，答应他归服朝廷后不仅能得到封赏，还保举他出任总兵。

而逃回台湾的刘国轩，一方面接受了施琅的招抚条件，一方面也为了减轻自己兵败丢失澎湖的责任，大肆宣扬"天命有归"，倡议降清。

在充分了解清廷的态度后，郑克爽派人到澎湖施琅军中，请求纳土投诚。

八月十三日，施琅率舟师抵达台湾鹿儿门，台湾百姓"壶浆迎师，接踵而至"。而施琅到台湾后又做了些什么呢？他一一履行了之前对台湾军民的承诺。然后，"既平海岛，从容坐镇，日与文士诗人宴游酬酢，颇有东山汾阳风度"。

最让台湾军民想不到的是，施琅不念旧恶，不记私仇，亲自率手下将官前往祭祀郑成功庙。

八月二十二日，施琅祭告郑成功庙，祭文曰："自南安侯入台，台地始有居民。逮赐姓（指郑成功，因明隆武帝曾赐郑成功朱姓）启土，世为宏疆，英雄谁何？今琅赖天子威灵，将帅之力，克有此土，不辞灭国之诛，所以忠朝廷而报父兄之职也！但琅起卒伍，于赐姓有鱼水之欢。中间微隙，酿成大戾。琅于赐姓，前为仇敌，情犹臣主；芦中穷士（指伍子胥，逃亡时曾躲在芦苇中），义所不为！公义私恩，如是而已！"整篇祭文，语调平和，有情有义，表明他对郑成功的始终态度，显示出豁达的胸襟。

也许，正是因为这次祭拜，正是因为这篇祭文，改变了许多人对施琅的看法。

公无渡河

公元1863年，石达开率三万大军自云南东川进入四川，在紫打地造竹筏欲渡过大渡河继续北进。他进军的目标是川西的雅安，力图由此控制茶马古道，在清政权的屁股上捅出一个大窟窿。

这带着诗意想象的"谋蜀"决策是在江西的南安（今大余）会议上提出来的。本来石达开并不想远离天京作战，这之前他的军锋所向，始终在闽浙赣三省。他飘忽如风的战术，很令清军头疼，并大大缓解了天京的压力。但天王却调走了与石达开在江西配合作战的杨辅清部。石部顿成孤军。加之赣南疫情大作，于是石达开按既定计划移师湖南，一路西去。同时他也调动了湘军的萧启江部、张运兰部，这些江西战场上的湘军主力，都紧随石达开军队身后而去，致使曾国藩与胡林翼等拟订的"四路图皖"的计划破产。石达开甚至天真地认为，"谋蜀"之计若成，则两支太平军在长江上游和下游相呼应，将如同一条巨大的绳索，缠在清王朝的腰部，让它首尾不能相顾。一旦时机成熟，则可以取成都，握全蜀，然后顺流而下，与下游合势攻武昌。

这当然只是石达开个人的如意算盘。实际上，自大军一路西进，部队减员严重。石达开的军队，除了来自广西的少数基干队伍，大部分是在江西、安徽招募的。士兵们对远离故乡的看不见胜利曙光的不停行军和征战产生了重重疑虑，只要有机会，便会成师成旅地逃跑。转眼间，麾下十五万大军已经五去其四。

江西曾是翼王石达开大显身手的地方，这里到处飘逸着一位诗人将军的风采。石达开在江西打了许多胜仗，湘军统帅曾国藩几次败于他手。公元1855年初，湘军水师自长江而下逼近湖口。其时太平军一败于湘潭，再败于岳州，三败于武汉，四败于田家镇，情势十分危急。湖口在九江东面，地处鄱阳湖和长江交汇处，自古即是用兵之地。三国时，周瑜曾在这里训练水军；元末，朱元璋也是在这里消灭陈友谅的水师，夺取战争的最后胜利。湖口若失，金陵不保。为此，石达开亲自到湖口前线，布置阻击来势凶猛的湘军水师。石达开时年二十四岁，潇洒倜傥，诗才誉于全军。石达开非凡的想象力使得湖口之战大放异彩。他先以大船载沙石沉于航道，在湖口西岸堵塞隘口，又抓住湘军求战心切的心理，诱敌进入鄱阳湖，之后迅速将水卡堵住。湘军遂被分割在外江和内湖，首尾不能相顾。于是石达开得以从容地向内湖和外江的湘军分别发起猛烈的攻势，从而大败湘军水师。曾国藩所坐之船被夺，文牍俱失，他愤而投江，被左右救起，逃入陆营。经此一仗，石达开声势大振，太平军占领了江西大部，曾国藩被围困于南昌。要不是此时东王飞檄调他移师解天京之围，也许，曾国藩难逃一劫。但一个大好机会就这样永远地失去了。

石达开是太平军西部战线的统帅。太平军定都南京后，天王、东王成了至高无上的统治者。天王每天耽于宫中享乐，而东王则权焰炽张，军政全握。但关系天国重要命运的两场军事行动一开始便十分草率，北征由李开芳、林凤祥率领，西征由胡以晃、赖汉英率领，都不是太平军的主要将帅。北征几乎可以说是孤军深入，根本得不到后方的有力支援。而西征的重要性则日益显现。由曾国藩指挥的湘军更是一心一意与太平军争夺天京上游的重镇武昌。因为西部战事直接关系天京的安危，东王遂委派给了翼王石达开。石达开从此掌握了军队的指挥大权，也有了英雄用武之地。他将统帅部设在长江重镇

安庆。这里，西距武昌八百里，东至天京六百里。以安庆为中心，石达开军队基本控制了安徽南部和江西大部。而以皖制赣，更是石达开一贯的军事思想。

　　这时天京城里权力斗争却渐渐白热化。自恃功高权重的东王杨秀清一味对天王用强。殊不知，表面上一直示弱的天王洪秀全心里已经起了杀机。他将杀伐的刀柄交给了北王韦昌辉。韦昌辉不仅杀了杨秀清，还一气杀了东王的新旧部属两千多人。石达开从前线回到天京，指责韦昌辉杀戮太重。韦昌辉又想谋害石达开，石达开得到消息，连夜缒城逃出天京，而留在家中的家小都被韦昌辉杀死。石达开返抵安庆，全军激愤。这下洪秀全觉得闹大了，设计杀掉韦昌辉，并派人到安庆迎请石达开到天京辅政。石达开到了天京，发现天国朝政实际上都掌握在洪秀全的两个哥哥手里，洪秀全对他并不信任。万分伤心之下，石达开只得再次悄然离开天京。

　　石达开的这次出走，使得太平军遽然分裂成两部分。石达开本质上不是一位战略家，而是一位诗人。从此，十几万太平军将士跟随着一位慷慨悲歌的诗人将军，东征西战，辗转万里，谱写了一首首悲苦豪壮的诗篇。石达开率军离开安庆，他无意为整日耽于宴乐的天王镇守西大门，他提出自己的军事方案：赴援江西，进取浙江，配合天京作战。之后，石部转战于浙江、江西、福建三省的边区，穿州过府，飘忽不定。由于没有稳定的根据地，他的处境至为艰苦，经受的战斗也至为激烈。

　　天京西边的门户九江被湘军重重围困。这里也曾是石达开苦心经营之地，守将林启荣就是石达开的老部下，几次派人向石达开求救。石达开亲率数千轻骑驰援，已经到了湖口，可是一遇湘军李续宜部，他掉头就走。不救九江，让石达开背上骂名。但石达开似有隐衷。也许是因为他看到了包围九江的湘军实力，他相信此时的九江已经成了湘军的一个诱饵，他不愿将自己的队伍在一场毫无希望的血战中耗尽。他采取了一种迂回的战术，攻入浙江，发起衢州战役。之后，经福建转入江西。南安会议后，石达开彻底与洪秀全分道扬镳，率军进入湖南，但几次战斗不利，在湖南不能立足，遂回军广西。这里是太平军揭竿之地。但随后战况却十分混沌，在"谋蜀"计划的驱使下，石达开部折入桂黔滇的崎岖之地。

至今，广西白龙洞还保留着石达开气势磅礴的题壁诗："挺身登峻岭，举目照遥空。毁佛崇天帝，移民复古风。临军称将勇，玩洞羡诗雄。剑气冲星斗，文光射日虹。"

此后，他离天京越来越远，跟随他的太平军将士也越来越少。毕竟仅靠一种诗人的浪漫想象难以支撑如此艰难的历程。

在贵州和云南，太平军将士与苗胞情感融洽。此前，苗民曾多次起义，反抗清朝统治，但都被镇压下去。雍正年间，云贵总督鄂尔泰强力推行"改土归流"政策，用武力控制川黔滇三省苗区。乾隆元年，张广泗率清军烧毁苗寨一千多座，斩首四万余级，镇压了贵州苗民起义。苗民与清廷之间有着血海深仇。所以石达开军队在山峦起伏的苗区一路畅通无阻。一次，军队与当地苗民联欢。苗族的高粱酒装在一口口泥瓮里，插以麦秆吸饮。石达开目睹此状，乘着酒兴，当场赋诗一首："千颗明珠一瓮收，君王到此也低头。五岳抱住擎天柱，收尽黄河水倒流。"一股豪气荡出胸间，写尽大将的风流。

石达开在云贵山间得到苗胞的支持，进军颇为顺利。但是，进入四川后，却因为不能团结另一支少数民族彝人，而接连遭遇挫折。对于石达开军队来说，这是一个不可饶恕的错误。石达开先期派部将赖裕新率中旗军由云南巧家渡金沙江进入四川。赖部在进入彝区时，与当地土司发生冲突。1863年3月26日，这支太平军在成功渡过人渡河后遭到彝族邛部土司岭承恩所设滚木礌石的袭击，伤亡惨重，赖裕新战死。4月15日，石达开亲率大军三万余人，循赖裕新所走的路线也渡过了金沙江。当他们得知赖裕新部遭彝人阻击，表现得异常激愤。一路上石军将彝人村寨尽皆烧毁，引发彝人的强烈反抗。这时，土司岭承恩已经带领彝兵将大路各隘口阻断，石达开军队只得弃大路而沿小路，经冕宁、大桥、新场，于5月14日抵达大渡河边的紫打地。

大渡河是岷江支流，两岸高山耸立，陡峭险峻，河道水流湍急，险滩密布，人称天险。而紫打地地形更为复杂："其旁两山壁立，隘口险仄，易进难

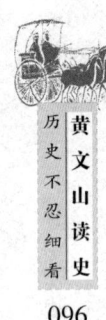

退,前阻大渡河,左阻松林河,右阻老鸦漩河。"将石达开大军一步一步逼到如此困厄之地,显然是清军和彝藏土司的合谋。石达开下令造竹筏准备渡河。不料,半夜下起大雨,河水暴涨,大渡河、松林河"陡涨数丈",已不能渡河。过了两天,清军唐友耕部赶到,列营于大渡河对岸;藏族松林地土司王应元率藏兵斩断铁索桥,扼守松林河西岸;岭承恩则率彝兵用巨木堵塞山道,切断石军东进和南退之路。

至此,石达开已陷入清军布下的天罗地网。从5月17日起,石军两次抢渡大渡河,均因遭对岸清军炮轰枪击而告失败。之后石军改攻松林河,欲打通西路,夺取泸定桥,又因王应元的拼死抵抗,计划落空。而身后的岭承恩率彝兵攻之益急。经二十多天激战,石军弹尽粮绝,伤亡惨重。石达开率余众八千人奔至老鸦漩,被彝兵重重围困,进退无路。

石达开自沉妻儿于大渡河中,临江悲叹:"大江横我前,临流曷能渡。"之后,他开出"舍命以全三军"的条件独自前往清营谈判,被押送至成都。直接参与审讯石达开的清将刘蓉事后在一封私人信件中这样写道:"(石达开)枭杰坚强之气,溢于颜面,而辞色不亢不卑,不作摇尾乞怜之语。自言南面称王十余年,所屠戮官民以万计,今天亡我,我何惜一死。临刑之际,神色怡然。"石达开遂被凌迟处死,年仅三十二岁。

然而,"舍命以全三军"仍然只是一种诗人式的幻想。从江南随石达开而来的两千老营将士遭清军和彝军剿杀于大树堡的禹王宫。

石达开死后第二年,天京陷落。

"公无渡河,公竟渡河,渡河而死,其奈公何。"一出战争悲剧从此长留在波涛汹涌的大渡河畔。

刺杀宰相

唐宪宗元和十年（公元815年）六月三日凌晨，天色未明，宰相武元衡骑马自居住的靖安坊沿宽阔的朱雀大街赴大明宫上早朝。这是他上朝的固定行走路线。行至途中，突遭刺客。埋伏在街旁的刺客朝武元衡一行放箭，随从急忙四下逃散，武元衡没有防备，被刺身亡。与此同时，御史中丞裴度也在自己家门前遇袭。刺客用长剑击中裴度头部，裴度跌到沟里，所幸裴度当时头戴厚毡帽，才免于一死。宪宗皇帝大为震惊。当朝宰相在京城大街上被刺身亡，这是唐朝建立以来从没有过的事。不仅如此，刺客们还放肆地将传单撒到禁卫军和府县官署，威胁说：不要试图抓捕我们，否则将你们一并杀掉。朝臣们被吓得从此天不亮不敢出门，往往宪宗皇帝已经上朝坐等好久，大臣们还没到齐。

有意思的事还有：由于裴度遇袭时戴着一顶扬州产的毡帽，"刃不即及，而帽折其檐"，从而幸免于难，于是"既脱其祸，朝贵乃尚之。近者布素之士亦皆戴焉"。戴毡帽居然成了长安城里的时尚行为，以至市面上扬州毡帽成了人人都想要的紧俏货。

兵部侍郎许孟容当庭痛哭："自古以来没有宰相尸体横在路旁却没有抓到

凶手,这是朝廷的耻辱。"他请求皇帝立即起用裴度为宰相,布置追捕刺客,并查出背后的主谋。

于是宪宗下诏在京城内外全面搜捕,有敢包庇隐匿刺客者,诛杀全族。这次搜查非常仔细,公卿大臣家有夹墙和套屋的全部查过。一开始,大家都怀疑是淮西或成德方面所为。因为,朝廷此时正在讨伐淮西的吴元济,而成德节度使王承宗亦想方设法阻挠征讨行动。一天,官府得到线人举报,拘捕了成德军在京城的张晏等八人。经过严刑审讯,张晏等人供认了杀害武元衡的事实,几天后,被处斩。

武元衡被刺,朝堂上形成两种意见。有人提出干脆罢免裴度,停止讨伐吴元济,以便安定各藩镇不要再闹事。宪宗听了很生气,说:"如果这时罢免裴度的官职,就是使邪恶势力得逞,今后朝廷也就再也没有纲常法纪了。我任用裴度一个人,足以击败这两个奸贼(吴元济和王承宗)。"

宪宗皇帝倒没有被藩镇割据势力的暗杀威胁吓唬住。他立即提拔裴度担任宰相,并主持对藩镇的军事行动。裴度在家休息一个月后,入朝拜相。为了防止暗杀再度发生,宪宗特地下诏,今后宰相出入由金吾骑兵护送,宰相所过之地,行人必须回避。

肃杀之气登时弥漫长安。

安史之乱后,唐王朝由盛而衰,面临严重的政治危机,而最使朝廷头疼的问题就是藩镇割据。这些大大小小的藩镇像一颗颗肉瘤长在唐王朝的身体四周,说不准什么时候就会大发作。这其中,河北、淮西、山东地区的藩镇势力最为强大,"大者连州十余,小者犹兼三四"。他们拥有大量军队,修筑城堡,设立文武官吏,自己征收赋税,甚而拒绝向国家缴纳贡赋。他们还要求藩镇职务父子相袭,不受中央政府派遣。同时他们之间又互相勾结,互为婚姻,联手抗拒朝廷。藩镇割据使唐朝的中央集权遭到严重破坏。到唐德宗时爆发了朝廷与藩镇之间的战争,继河北三镇之后,李希烈、李怀光、朱泚等相继发动叛乱,使唐政权在安史之乱后又一次陷入全国战争,唐德宗本人还险些被叛军俘获。最后,在李泌、陆贽、李晟等人的谋略和奋战下才消灭叛军，侥幸渡过难关。

宪宗皇帝即位后，重用李绛、武元衡等朝臣，决心彻底消除藩镇割据的痼疾，先后主持对四川、江浙、河北和淮西用兵。

武元衡是武则天的曾侄孙，自幼天资聪颖，勤奋好学，及长博览群书，尤精于诗歌创作，是中唐有名的诗人。对削平藩镇割据，他和裴度都持强硬态度。当朝廷决定讨伐蔡州吴元济时，成德节度使王承宗曾派人到中书省向他游说，但被他大声斥责赶了出去。

吴元济和王承宗自然成了谋杀武元衡的疑凶。直到两个月后，东都洛阳的官员捕获到一批来自山东的盗匪，经过审讯，才知道谋杀的真相。据盗匪们供说，刺杀武元衡和裴度的背后主谋既非淮西的吴元济，也非成德的王承宗，而是盘踞在青齐的李师道。

李师道也是唐政府深感头疼的人物，他是凭借其兄李师古的余荫而登上淄青节度使之位的。但李师古临死前已经看出他"不务训兵治人"，而且遇事多疑不断、反复无常，必将导致败亡。李师道任节度使后，专门豢养一批鸡鸣狗盗杀人放火之徒，千方百计阻挠唐政权消除藩镇割据恢复统一的努力。

唐政权公开征讨吴元济，以武力削藩，让李师道十分忧虑，他预感到战火很快将会烧到自己。幕僚们对他说："皇帝之所以专心致力于讨伐蔡州，是因为有武元衡的辅佐。如果秘密派人去把他杀死，其他宰相就不敢主张用兵了。"李师道认为有道理，所以武元衡招致刺杀。

征讨淮西的战争整整进行了四年，支出大量军费，民众疲惫不堪，国力遭到很大损伤。朝廷中很多人主张罢兵，唯独裴度不说话。宪宗询问他的意见，他回答说：我想亲自到前线督战。出发之前，裴度还对宪宗说："我如果消灭叛贼，那么朝见天子就有了日期；如果消灭不了叛贼，就再没有回京的日子了。"宪宗听了感动得泪流满面。

公元817年，裴度任用李愬为主将，战局渐渐改观。这时降将李祐献计说："蔡州的精兵都在洄曲及四周边界守卫，把守蔡州的都是老弱残兵，可以乘虚直接攻取蔡州城，活捉吴元济。"这是一个十分冒险的军事行动，而且出

自降将之口。但李愬果断采纳了李祐的计策，并秘密报告了裴度。裴度高兴地批准了奇袭蔡州的行动。于是李愬秘密招募勇士组成"突将"，但外示松懈，以麻痹敌人。在一个风雪弥天之夜，李愬亲率一万精兵急行军一百多里，一天一夜赶到蔡州。蔡州果然没有防备，只经过短暂战斗，吴元济就束手就擒。

淮西之战的胜利，使唐中央政府的威信大大提高，河北各藩镇大为恐惧，他们有的表示归顺朝廷，愿意献出所属之州，由朝廷任命官员；有的上表请求离开藩镇到朝廷做官。王承宗更是哀求用两个儿子做人质，并献出德、棣二州，每年缴纳贡赋。李师道见势头不对，也赶忙上表请求让长子入侍朝廷，献出沂、密、海三州。

宪宗准许了李师道的请求，派李逊到郓州安抚。但是李师道的妻子魏氏不愿意自己的儿子入朝做人质，她联合蒲氏和袁氏一齐来对李师道说："李家世代拥有这十二个州，为什么无缘无故要分割献给朝廷。不献出三个州，无非是朝廷派兵来征讨。现在我们境内应该可以调集到几十万兵马，不妨打打看，如果努力奋战仍不能取胜，再献地也不晚。"

李逊来郓州后，感觉出李师道没有归顺的诚意，回来报告宪宗说："李师道顽固不化，而且反复无常，恐怕还要用兵。"果然，过不久，李师道就上表说：军中将士不同意奉献土地和向朝廷交送人质。宪宗非常愤怒，决心武力解决问题。

朝廷征召了大批军队，原以为会有一场大战、恶战、持久战要打。然而，李师道的覆亡，一样充满了戏剧性。

李师道手下大将刘悟率军驻守阳谷抗拒官军。刘悟在军中名声很好，士兵们都很爱戴他，称他"刘父"。由于之前刘悟在与唐军交战中多次失利，李师道以商议事情为由召回刘悟，想杀掉他，被人劝阻而作罢。十多天后，李师道派遣刘悟镇守重要防地阳谷，但很快就又后悔，于是暗中派出两位使者带着文书给行营兵马使张暹，叫他杀死刘悟，统领全军。张暹平时和刘悟很友好，悄悄把文书密示给刘悟。刘悟终于被逼造反了。他率领军队乘着夜色返回郓州，随即进攻内城，搜捕李师道。李师道和他的两个儿子在慌乱中躲到床底下，被刘悟的士兵搜出。

刘悟对李师道说：我接受密诏把你送到朝廷。李师道还想活命，哀求刘悟，让他尽快见到宪宗皇帝。刘悟当然不愿意给他这个机会，正色道："现在你还有什么脸见天子呢？"于是手起刀落，把他砍了。

消灭李师道是唐宪宗统治时期讨伐藩镇斗争取得的最后一次重大胜利。从此结束了河南、河北三十余州在长达近六十年的时间里，藩镇自任官吏、不缴贡赋、专横跋扈的局面。

李师道由暗杀宰相而自取灭亡，当年杀害武元衡的凶手一共十六人也全部被捕归案。京兆府和御史台对他们进行了审讯，凶手们对犯罪事实供认不讳。但审判庭上却出现了让人百般不解的一幕：当京兆尹崔元略分别讯问他们武元衡的相貌特征和谋刺地点时，每个案犯说的都不一样。

究竟是谁杀死了武元衡，也许还是一个谜。但对唐王朝和发动这场战争的宪宗皇帝来说，这个结果已不重要了。

无敌舰队的覆亡

　　公元1271年，忽必烈建立了庞大的元帝国。元帝国的疆域北至贝加尔湖，南至长江，东至堪察加半岛，西至葱岭。此时，南宋朝廷成了一只惊惶待宰的母鸡，消灭它只是时间问题。果然，在彻底消灭了金政权后，元军大举南下，他们以降将张弘范为前导，一路所向披靡。公元1279年，元军攻占崖山，南宋最后一位皇帝赵昺投海，宋灭亡。但忽必烈并不想做一个安分守己的皇帝，几个月后，他又开出了一份没有降服的邻国名单：日本、缅甸、占城、安南、爪哇，要求军队尽快将它们征服。元军的第一个目标就是日本。

　　还在公元1241年，蒙古军队征服高丽王国后就听说东方的大海上有一个日本帝国，于是派使节前往招降。但日本天皇对蒙古使节毫不理睬。蒙古人强吞下这口恶气，一直到了公元1274年，才由蒙古大将实都、高丽大将洪茶邱率蒙朝联军两万三千人，乘战舰九百艘，从朝鲜半岛的合浦港出发，攻陷对马岛后在日本肥前沿海登陆。十二万日本军队进行了顽强抵抗。由于大海相隔，元兵团的箭矢用尽又得不到补充，无法支撑旷日持久的战争，只得匆匆撤回。

　　在这之前，蒙古军队还从未遇到过如此顽强的抵抗。远在海中的日本，于是成了忽必烈心头挥之不去的一块心病。

公元1280年5月，忽必烈召见大将阿拉克罕，商议派兵征伐日本，为此专门成立了征东行省（东征司令部），由阿拉克罕任行省右丞相（总司令），汉人大将范文虎任行省右丞（副总司令）。吸取六年前的战争教训，他提出要在一年内建造出四千四百艘战舰，配备强弓劲弩和火器，用以组建一支空前强大的对日作战舰队。这支海军舰队的组成，除了蒙古人、高丽人外，还包括了原南宋张世杰的水军，共计十四万人。翌年6月，在忽必烈的严令催促下，元舰队由阿拉克罕和范文虎分统大举向日本进发。两支舰队在对马岛会师，舳舻遍海，帆樯蔽日，日本全国震怖。

就在这时，主帅阿拉克罕突然病逝。忽必烈命副宰相阿塔海前往顶替。范文虎认为军机不可懈怠，没有等阿塔海到达即率舰队继续前进，经过数天的航行，舰队到达日本九州平户岛附近并发动了抢滩进攻。闻讯赶来增援的日本各地武士在滩头进行殊死抵抗，战斗十分惨烈，阵地几次得而复失。渐渐地，元军取得优势，在五龙山下建立了登陆场。

就在元军开始部署新一轮攻势时，一场突如其来的灾难自天而降，海上台风大作，暴雨倾盆，涛如山立。强台风整整刮了四天，旋风海啸将元舰队的大多数船只掀翻，武器粮秣全部丧失。船上人马纷纷落水，哀号声与大海的怒涛声搅成一片，声震数里。除了将军们乘坐的少量海船逃脱外，四千艘战舰沉入海底。已经在五龙山下登陆的近十万元军士兵命运同样不堪，他们先是惊悸地看着战舰倾侧、同伴落水，后来又发现全体被统帅部遗弃，顿时陷入一片混乱之中。士兵们只得推举一位下级军官做临时指挥官，伐木做舟，准备逃回国内。日本军队乘机大举反攻。元军仓促应战，节节败退。由于缺少粮食弓箭和有效指挥，元军的抵抗越来越微弱。经过两昼夜激战，士兵大部战死，两三万人被俘虏。蒙古军队不可战胜的神话在一夜之间破灭。

日本人将战争胜利归功于天神相助，将这场不期而至的台风称做"神风"。而逃回国内的范文虎等人向忽必烈禀报军事失败的原因也归咎于突然遭遇海上暴风。因为元军统帅阿拉克罕在征战中途病逝，新统帅未及时到位，

军事责任难以追究，忽必烈对此只好不了了之。

但七百多年来，世界上的军事专家们对这场海战始终抱审慎的质疑态度。仅仅是海上一次突发的强风暴，就能成为一场经过精心策划的战争的终结者？

无敌舰队的迅速覆灭成了世界海战史上一个难解的谜团。

人们首先质疑无敌战舰的组建过程。按当年江南船厂的造船能力，一年为期，根本无法完成建造四千四百艘巨舰的任务，那么元军集合的这批数量庞大的舰船又出自何方？经过日本考古人员水下打捞出的元战舰遗骸，才惊讶地发现，它们大多并非海船。但由于忽必烈一年为期的严令，督造官员在舰队指挥官阿拉克罕的默许下征用了大批内河船只来充数。内河船没有巨大的龙骨，根本无法抵御强台风，本来不适合下海。只是因为阿拉克罕迷信蒙古军队不可战胜的神话，认为能够在最短的时间内，完成占领日本的军事行动。于是，一支冒牌的海军舰队就这样堂而皇之地驶入了日本海，也驶进了自己的坟场。

还是因为阿拉克罕出征心切，在海军中加入了大批原南宋张世杰部的水兵。这些水兵虽然被收编归入元军序列，但宋败亡的惨痛经历依然是他们心头一道挥不去的阴影，这使得元军的整体战力大大下降。在五龙山登陆作战时，原南宋水军中始终笼罩着厌战、避战的情绪，面对日本武士的偷袭，大军一夜数惊，几度溃散，最后又争先受缚。这也是元军失败的一个重要原因。

阿拉克罕本人则是一位杰出的骑兵指挥官，擅长马上作战，如何指挥这样一支庞大的海军舰队非其所长。副指挥官范文虎，因为是汉人，本来难以约束全军。在主帅未到位的情况下，他急于建功，下令强行出击，却没想到日军的抵抗会如此顽强。而遭遇台风后，他的指挥系统很快陷于混乱以致迅速崩溃。

而忽必烈呢，从决心发动战争开始，就沉醉在一年剿灭日本的美梦中。这一年间，他没有认真过问舰船建造和舰队组建的情况，也没有一个大臣向他如实禀报真情。

一支庞大的帝国舰队就在忽必烈的美梦中葬身海底，成为千古遗憾。

最优秀的将军和最糟糕的战争

可能谁也无法相信,中国军事史上最糟糕的一场战争是一位当时被公认为最优秀的将军指挥的。这场战争发生在公元618年,这位将军便是李密。

隋朝末年,农民起义风起云涌,其中的瓦岗农民起义军最为强大。瓦岗军首领李密是一位卓越的军事指挥家。李密从小就有才干和韬略,志向远大。他曾被派到隋炀帝身旁当左侍卫。隋炀帝见了,对大臣宇文述说:"在侍卫中有一位面色很黑的小子,看人目光和常人不一样,这个人不要让他做宿卫的差事。"宇文述找个机会把皇帝的话偷偷告诉了李密,让他称病辞去这个职务,以免招致祸患。从此,李密就放弃一切人际交往,躲到乡间专心读书。有一天,宰相杨素偶然看到骑在黄牛背上读《汉书》的李密,与他交谈几句,大为惊叹。于是,把李密带回家,让他和儿子杨玄感认识。杨玄感在当时很有名气,他不仅喜欢读书,而且善于骑射,海内名士多愿和他交游,因此家中常常宾朋满座。杨素对杨玄感和他的一帮朋友说:"我看李密很有见识,你们都不如他。"从这以后,杨玄感遂和李密结为深交。

公元613年,隋炀帝杨广发动第二次对高丽的战争,时任礼部尚书的杨玄感督运粮草误期,按律当斩。不得已他率船民、运夫八千人在河南起义。

李密前往投奔，并献计长驱直袭河北，阻断杨广大军的后路。但杨玄感却不能采纳李密的正确意见，而是执意攻取洛阳坚城。杨广闻讯回师，与关中军队合击杨玄感，很快就消灭了这支起义军。杨玄感兵败后，李密逃到瓦岗寨，并说服附近几支小起义队伍并入。李密深谙韬略，指挥瓦岗军打了几次胜仗，不久，他被推举为瓦岗军新的领导人。

在李密的率领下，瓦岗军不断壮大，很快就成为一支打击隋朝主力部队的重要力量。公元616年，李密采取伏击的战术，在河南荥阳一举消灭了隋军精锐的张须陀部，极大地鼓舞了士气。之后，李密又率精锐七千越过方山，袭击了洛阳附近最大的粮仓——洛口仓，将粮食散发给饥民，天下为之震动。洛口仓关系到洛阳城的生死存亡，隋军统帅杨侗调集刘长恭和裴仁基两路大军企图合击李密的军队，结果，刘长恭的军队在石子河遭到瓦岗军伏击，大部被歼。裴仁基闻讯赶紧撤退。瓦岗军再次歼灭了隋军主力部队，获得大批军械、辎重，军势大振。于是，李密建立政权，号魏公，同时发布檄文，揭露杨广的罪恶，号召人民共同讨伐。河北南部、江淮北部各小支起义军莫不响应归附。

这年秋天，隋军大将王世充奉隋炀帝之命率江淮劲旅来到洛阳，准备与瓦岗军展开决战。装备精良的隋军主力达到十多万人。半年内，王世充指挥隋军向瓦岗军发起了多次强大攻势，均被李密粉碎。李密运用机动灵活的战略战术，调动敌人，使其处于不利的形势，然后袭破之。在黑石一仗中，王世充军大败，十万大军只余数千人，从此不敢再主动出战。而瓦岗军经过一次次胜仗，已发展到三十多万人，成为灭隋的主力军队。

李密与隋军作战，屡战屡胜，天下英雄纷纷来投，聚集在他身边大名鼎鼎的绿林好汉就有程咬金、秦琼、王伯当、单雄信等等，大家都愿意在他麾下效力。瓦岗军也成为各路起义军的一面旗帜，夺取天下，似乎指日可待。公元618年三月，江都隋军兵变，禁军将领宇文化及杀死杨广并回军关中。宇文军有十万之众，是隋王朝的最后一支精锐部队。现在，三支军队在河南成逐鹿之势。但李密却在此时迷失了战略目标，接受杨侗提出的纳降条件，同意担任隋太尉。受杨侗的诱导，李密亲率大军抗击宇文化及，双方在河南童山展开决战。宇文军大败，仅余残部两万人向河北方向逃窜。童山之战，瓦岗军虽然取得了胜利，但实力也大为削弱。

而麇伏洛阳的王世充已在蠢蠢欲动，他挑选了精锐士卒两万多人，马两千多匹，出城攻打李密。李密召集诸将开会商议对策。裴仁基和魏征等人都主张深沟高垒，避其锋芒，待王世充军队粮食耗尽必然退兵，那时再追击他们，一定能够胜利。李密一开始也持这样的看法，但单雄信等大将们认为王世充军队人数很少，而且屡次被瓦岗军打败，早已吓破了胆，现在他们倾巢而出，正可以借此一战攻取洛阳奠定胜局，岂有不战之理？一时，主战者的意见占了十之七八，李密也没了主见，于是决定整军迎战。两军在北邙山下摆开战场。

此时北邙山下对阵的两位主帅，一位是常胜将军李密，一位是常败将军王世充。一切似乎顺理成章，瓦岗军将在胜利史上书写新的一页。但历史却开了一个大大的玩笑。

谁也没想到的是，瓦岗军不可战胜的神话在一个早晨突然破灭。而发生在公元618年的北邙山之战，也让一千多年来的军事史家们为之瞠目结舌。

李密打败名将宇文化及，威震天下，对曾是手下败将的王世充也有些轻视，只是想尽快进攻，展开决战，消灭对手，而不预设营垒防御。哪里知道，第二天天色刚明，李密军队还没来得及排列布阵，王世充便快速纵兵冲来，势如狂飙。李密军队一下被冲成几段，阵容显得有些慌乱。王世充此战是破釜沉舟，做了精心准备。他考察了北邙山地形后乘夜色选派二百多骑兵偷偷进入山北高地，埋伏在山谷间。他对将士们说："明日的战斗，不仅是争胜负，死生在此一举。如果取胜，荣华富贵自然不在话下；如果战败，一个人也逃不了。"王世充还事先找了一个相貌酷似李密的人，绑起来藏好，等到两军战到激烈的时候，让人牵到阵前，并高声大喊说："已经抓到李密了！"这时，埋伏在高地的骑兵突然冲出，直奔李密的中军大营，放火焚烧帐篷，顿时火光冲天。瓦岗军军心大乱，各营纷纷溃散，如雪崩溃堤。李密约束不住

军队，仅带领残部一万多人退出战场。

威震一时的瓦岗军，霎时全线分崩离析，将领们死的死降的降。李密走投无路，最后只得降于李渊。

李密没有想到，他犯了和杨玄感同样的错误，长时间地屯兵洛阳坚城之下，处于四面受敌的地位，始终被动地作战，而一度降隋，又使全军士气受到很大影响。而更要命的是，他轻视了一位屡败屡战的顽强对手。一场糟糕的战争，终让一位本来应该在军事史上光芒四射的将星黯然失色。

秃发与蒙逊

秃发傉檀与沮渠蒙逊分别是东晋时的南凉国王和北凉国王。

公元五世纪中叶，中国出现了东晋、北魏、夏、北燕、南燕、后秦、南凉、北凉、西凉、西秦、西蜀十一国并立的局面。除了东晋和北魏外，这些王国都很小。比如，一道狭窄的河西走廊上就依次排列着南凉、北凉和西凉三个王国。其中南凉为鲜卑部落所建，北凉为匈奴部落所建。南凉国的范围大致在今甘肃南部和青海东北部。北凉国的范围大致在河西走廊中部，以张掖为中心。西凉则占有河西走廊西部的酒泉和敦煌。而东部的姑臧（今甘肃武威）因为地理位置重要，加之土地肥沃、物饶人丰，更是各国倾力争夺的重点。

由于当时以长安为都城的后秦国力强大，南凉、北凉都先后向后秦进贡，自称藩属。但秃发和蒙逊天性桀骜不驯，南凉和北凉之间，几乎连年发生激战。他们嗜杀的身影总是与嘶鸣的战马长相伴。在他们的身后留下的只是被抛弃于荒野的无数断戟和枯骨。

秃发傉檀年轻时就显示出出众的才干，他的兄长河西王秃发利鹿孤重病不起时，决定将王位传给他。公元406年，秃发傉檀出兵讨伐沮渠蒙逊。沮

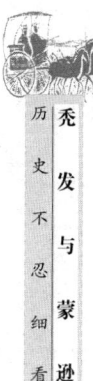

渠蒙逊据城坚守。但有意思的是，秃发傉檀进军到武威西南处的赤泉，未经与北凉军队交战就退兵。而且退兵时，还将随军携带的良马三千匹、肥羊三万只不失时机地献给后秦。

后秦国王姚兴收到礼物，十分感动，为了奖赏秃发傉檀的忠诚，任命他为车骑大将军、都督河右诸军事、凉州刺史，镇守姑臧。秃发傉檀高兴极了，对他来说，什么大将军、都督都是虚衔，得到战略重地凉州才是他梦寐以求的。

对此，凉州士民十分不满，他们派代表到长安晋见国王姚兴，流着眼泪说："我们凉州遵从君王教化，到现在已经五年了。陛下竟用我们来换取三千匹马、三万只羊，这不是轻视百姓，重视牲畜吗？如果国家需要马匹，只要直接发一道公文，我们凉州三千多户人家，各缴一匹马，又有什么困难呢？从前汉武帝用尽天下的财力，才切断匈奴的右臂，开辟了河西走廊。现在陛下却无缘无故地将河西五郡的土地和忠良的汉族百姓送给鲜卑人。这不仅仅是凉州百姓要遭受生灵涂炭，恐怕也会成为朝廷日后的忧患吧？"

姚兴后悔了，赶紧派人到姑臧，让原凉州刺史王尚暂缓回京，同时通知秃发傉檀先不要进姑臧城。哪里知道，秃发傉檀一得到消息就迅速带领三万大军连夜进驻姑臧并逼迫王尚离开。生米已经煮成了熟饭，姚兴也无可奈何。

秃发傉檀在姑臧府堂大摆酒宴招待部下。他仰头看着华丽的厅堂，感叹说："古人曾说过'建房的人自己不住，住房的人自己不建'，真是这样啊！"武威人孟祎借机对他说，这座房子自建成到现在将近百年了，经历了十二个主人，只有履行信义、顺从民心的人，才可以长久住下去。秃发傉檀听了不禁凛然。不久，他就将南凉都城迁到了姑臧。对他来说，迁都姑臧，就等于将自己硕大的头颅连同粗壮的双腿都搁在了河西走廊。往西，则压制北凉；往东，则威胁后秦。

果然，一年后，秃发傉檀就背叛了后秦。姚兴十分愤怒，想消灭南凉，特派尚书郎韦宗前去探探消息。秃发傉檀接见韦宗，与他纵论天下大事，滔滔不绝。韦宗离开后大为感慨："奇异才能，英雄气概，不一定出自中原人；

聪明智慧，思路敏捷，不一定出自读书人。我今天才知道九州以远，五经之外，还大有人在。"他对姚兴说："凉州虽然荒僻，但秃发傉檀权谋超过他人，不可轻图。"姚兴听不进他的意见，派广平公姚弼率步骑兵三万人进攻南凉。后秦军果然战败。

当姚弼率军抵达姑臧城下时，城内居民王钟等人密谋想打开城门迎接姚弼入城，不料事情泄露，秃发傉檀将受牵连的五千多人全部活埋，一时哭声震天动地。

腾出手来，南凉骑兵的马鞭又一次指向北凉，河西走廊一次次杀声震天，血肉横飞。这是土地之战，也是人口之战。战争过后，战胜方总要掳掠人口和牲畜，带回己国。可是战争的结果是土地越打越荒芜，人口越打越稀少。而每次围城中，都会发生以人为食的惨剧。

秃发和蒙逊，一对天生的仇家和对手，杀伐和抢掠，对他们而言，就是平日佐餐的酒菜。河西走廊宽阔而平展的荒滩，更是他们血腥缠斗的天然战场。

但南凉在与北凉的连年征战中不仅讨不到任何便宜，而且损兵折将，国力大衰。加之国内出现严重灾荒，百姓饥寒交迫，怨声载道。这时，新崛起的西秦王国忽然出现在南凉面前。南凉腹背受敌，被迫两面作战。公元414年，西秦乘秃发傉檀率军讨伐反叛的乙弗部落之机，袭击并攻陷了南凉都城乐都，俘虏了南凉太子秃发虎台。消息传来，军心大乱。自恃智勇过人、一味穷兵黩武的秃发傉檀也陷入众叛亲离的境地，不得不屈辱地向西秦投降。

与秃发傉檀不同，沮渠蒙逊可以说是用相当卑劣的手段夺取王位的。匈奴沮渠家族原属后凉，因遭陷害而举族造反。沮渠蒙逊的堂兄沮渠男成说服原后凉建康郡太守段业一同起兵，先后夺取张掖、酒泉和敦煌等重郡。

公元399年，段业在沮渠兄弟的拥戴下，在张掖即凉王位。但段业越来越惧怕沮渠蒙逊的勇武谋略，为了分散他的权力，用才智出众的马权代替沮渠蒙逊出任张掖太守。沮渠蒙逊则不断在段业面前诋毁马权，直到段业中计杀了马权。于是沮渠蒙逊对沮渠男成说："从前，我害怕的只是索嗣和马权，

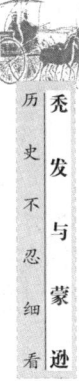

现在他们都死了。我要除掉段业奉兄长为主，怎么样？"沮渠男成不同意说："段王是我们家树立起来的。人家亲近信任我们，我们却要谋害人家，不善良。"沮渠蒙逊心中十分不快。一天，他与堂兄约定一同到兰门山祭祀，暗中却派人向段业报告说："沮渠男成要叛乱，如果他提出去兰门山祭祀，就应验了。"段业得到报告后立即逮捕了沮渠男成并处死了他。沮渠蒙逊流着泪对众人说："沮渠男成忠于段王，可是段王没有任何理由就把他冤杀了。"沮渠男成一向很得民心，噩讯传出，无论军队、百姓，一片痛哭。沮渠蒙逊率领跟随他起事的军民很快进入张掖。段业对沮渠蒙逊说："我孤身一人，被你们推举做了凉王。我请求你留下我的性命，回到东方和老婆孩子相会。"沮渠蒙逊却二话不说，挥刀就斩了他。

北凉此时夹在西凉和南凉之间，地域狭小，加之不断受到南凉的军事压迫，好像一个人，只能缩着脑袋，蜷着双腿，沮渠蒙逊感到很不舒坦。要放平双腿，就要击败南凉，要伸直脖子，就要灭掉西凉。渐渐地，北凉取得了对南凉的战争主动权。公元410年，南凉战败，沮渠蒙逊乘胜进军，围攻姑臧。姑臧城内一万多户居民纳表投降北凉。这是对两年前秃发傉檀残暴擅杀姑臧五千多人的一次集体反叛。秃发傉檀狼狈地逃出姑臧。这时他想起当年孟祎说过的只有履行信义、顺应民心的人才可以长久地住下去的话，可是后悔已经来不及了。公元412年，沮渠蒙逊攻占姑臧，并在姑臧即河西王位。五年后，沮渠蒙逊向东晋奉表称藩，东晋封他为凉州刺史。这下，沮渠蒙逊已经将双腿很舒坦地放下了。他的下一个目标，自然是让他脑袋不痛快的西凉。

公元420年，沮渠蒙逊打算进攻西凉。但他却先大造舆论，并发兵作出要攻击西秦的态势。当大军抵达西秦边城浩亹时，立即秘密回军，暗中进驻川岩。西凉的国王李歆果然上当，率步骑兵三万自都城酒泉向东出发，意欲乘北凉国中空虚，一举占领张掖。沮渠蒙逊接到情报，说："李歆已钻进我的圈套。但如果听说我回军埋伏，一定不敢继续前进。"于是在王国西境发布庆祝攻克浩亹的捷报，并声称还要继续向西秦境内挺进。李歆得到这个消息，欢喜若狂，大军全速前进遂进入沮渠蒙逊设下的伏击圈。西凉军大败，李歆被杀。沮渠蒙逊率大军乘胜进入酒泉，消灭了西凉国。

而现在，南凉的果实却被西秦轻易摘取，这自然是沮渠蒙逊无法容忍的。自公元415年至428年的十三年间，北凉不断向西秦发动攻击。西秦节节败退，穷途末路，仓皇间投降了夏国。沮渠蒙逊眼看到手的胜利又一次落空。

很快，征服了北方大片土地的北魏向夏王国发起进攻，夏王国转瞬即灭。于是，沮渠蒙逊惊恐地看着这个北方巨人正一步步向他的王国逼近。

公元433年，一代枭雄沮渠蒙逊病亡。六年后，北凉被北魏吞灭。在血腥战火中喧嚣了整整三十年的河西走廊也一下子沉寂下来。

南凉立国十八年，北凉立国四十三年，国祚都十分短暂。但秃发和蒙逊，却以千里河西走廊为背景，将他们剽悍骁勇的身姿长留在中国历史上。

削掉李元昊的鼻子

西夏本是北魏拓跋氏的后代。唐僖宗时，拓跋思恭为夏州偏将，因讨伐黄巢有功，朝廷赐姓李。不久，李思恭被任命为夏州节度使，世代统辖银、夏等五州（今宁夏大部）。五代十国时期，李氏采取保全实力的政策，尽力避免卷入内战的旋涡，使夏州地方安宁，经济人口得以发展。宋太祖赵匡胤立国后，延续后周政权用加官晋爵来笼络李氏的政策，追封李彝兴为"夏王"。

公元982年，夏州发生内乱，其一部由李继捧带领入朝，表示愿意献出银、夏土地，归顺中原。但其族弟李继迁却据州反叛，宋与夏之间遂发生战争。公元1002年，李继迁大集西北藩部，攻陷重镇灵武，西夏军威大振。公元1004年，李继迁中流矢死，儿子李德明继立。宋真宗仍然对西夏实行安抚政策，给予厚重赏赐和特权，李德明投降。此后二十九年间，宋与西夏之间没有战事发生。可是到了李元昊继位，宋夏之间的战事便不可避免地发生了。

李元昊生得圆脸高鼻，身强体壮。他膂力过人，好格斗，且性情凶悍，残暴无情，很像祖父李继迁。但他善于绘画，通晓佛学及汉番文字，书案上常摆放着法律书籍和兵书。还在当太子时李元昊就劝父亲不要臣服宋朝与契丹，继位后他为立国从各方面做准备。他令人创立西夏文字，设立学校，收留并重用从中原来投奔他的两位汉人落第举子，委以军政重任，帮助他创立各项制度。同时设置文武百官，制定礼乐，建立军事指挥机构，扩军备战。他大肆招纳亡命之徒，组建敢死军，号称"撞令郎"。同时颁发"秃发令"，李元昊自己先带头秃发，然后下令国人一律秃发，三日内不听从命令的处死。

然而宋朝对李元昊蓄谋已久的军事反叛行动却依然麻木不仁。这时，发生了一件事：李元昊的叔父山遇因不满他的暴政，请求向宋朝廷投降。而宋仁宗非但不接受，还下令由延州知州郭劝将山遇遣还，以此表明朝廷对李元昊没有疑心。李元昊于是召集骑兵当场将山遇射杀，同时灭掉他的族人。从此，西夏再没有谁敢反对李元昊，也再没有谁敢投降朝廷了。

公元1038年，西夏建国，李元昊自立为帝。从此，北宋在西北边陲又多了一个劲敌。公元1040年，西夏军队入侵延州，并在三川口挫败宋军。宋仁宗任命夏竦为陕西经略安抚史，韩琦和范仲淹为副史，统帅西部各路边防军，指挥抗击西夏。三位统帅中，夏竦缺乏主见和魄力，遇事只能询问韩、范意见。但韩、范意见常常相左。范仲淹一贯主张西北边事应以守为主，积极建设边防、加强防御，坚决反对轻易地主动发兵攻击。而韩琦则主张以攻为主，提出趁西夏初立，国基未稳，应立即大举发兵出击。夏竦虽倾向于发兵攻击，但不做决定，将两种意见上报朝廷。朝廷大臣中，枢密副史杜衍支持范仲淹的意见，而宰相吕夷简则支持韩琦的意见，两种意见相持不下。

李元昊则表现出咄咄逼人的锋芒，他派人到夏竦总部所在地鄜州（今陕西延安）的市场上出卖养蚕用的荻席。卖席人在饭店吃过饭，故意丢下荻席而去。饭店主人打开荻席，居然夹着一张李元昊悬赏的榜文，上面写道："谁得到夏竦的人头，赏钱二贯。"面对李元昊赤裸裸的挑衅，夏竦不禁又气又羞。在这种情形下，韩琦与判官尹洙决定亲自到京师劝说仁宗发兵。

仁宗皇帝批准对西夏用兵，韩琦制订出了作战方案。公元1041年，宋与西夏之间爆发了渭州好水川战役。好水川战役是北宋与西夏之间规模最大的一次军事上的较量。宋军为此集结了四万精锐，而李元昊更是亲率十万精兵投入这次战役。

韩、尹的方案被朝廷批准并付诸实施,韩琦选定的宋军前锋主将是环庆副总管任福,这是一位久经沙场的宿将。任福一向轻视西夏军队的作战能力。战役一开始,他即率轻装骑兵数千人奔袭敌人后方,于张家堡斩杀数百西夏士兵,取得首战胜利。任福的骑兵进展迅速,西夏人将马、羊、橐驼遗弃在道路上,作出惊慌逃窜的样子。任福认为敌人不堪一击,愈加志骄意满。天黑时分,任福将兵马驻扎于好水川,与驻扎在附近笼络川的兄弟部队约定第二天会兵川口,一举全歼西夏骑兵。他不知自己深入太远,不仅后方粮草供应不上,而且已经陷入西夏军队的埋伏圈里了。此时,李元昊的十万精兵正等在川口,并布置好了口袋。

好水川战斗进行得十分惨烈,西夏军队以排山倒海之势从四面八方向宋军发起进攻。面对突然出现的数倍于己之敌,宋军顽强抵抗。主将任福身先士卒,挥舞四刃铁锏,奋勇冲杀,身中十余箭仍不肯退后,最后与儿子双双战死阵中。西夏军队越来越多,攻势也越来越猛烈。接连战斗三天,宋军将官大多英勇战死。士卒死者一万多人,尸首枕藉,血流成河。

韩琦这时正带领接应的军队行进在路上,忽然,前方出现数千人,都披麻戴孝,举着白幡,向着马头哭号。这些都是阵亡将士的父兄妻子。在他们身后,还瑟瑟缩缩地躲着数十个刚从战场上被放回来的战俘,满身血污,且都一律包扎着鼻子。韩琦这才知道前锋任福已经战败,将士大多阵亡,不禁掩面而泣。

李元昊有一个酷习,抓到战俘,先割掉对方的鼻子,无论对辽人、对宋人都是这样。因为李元昊自己生了一个高鼻子,而且他认为一个人的运气、福气都在鼻子上,削掉敌人的鼻子,是削弱对方士气的最有效的方法。这已经成了他的嗜好。辽人也因此最怕被夏军俘虏。两年后,西夏军队在河曲(今内蒙古鄂尔多斯市境内)大败辽军,率军亲征的辽兴宗皇帝几未能身免。他策马飞奔而逃。过了好一会儿,兴宗皇帝身边的伶官见夏兵已不再追赶,忙拉住兴宗的乘马,开玩笑地说:"且让我先看看陛下的鼻子还在不在?"气得兴宗当场给了他一鞭子,还要治他死罪。辽人、宋人由此对李元昊深恶痛绝，军中人人发誓：抓到李元昊，也要先割掉他的鼻子。

实际上，好水川战役后，宋对西夏已难发起毁灭性的打击，要想割掉李元昊的鼻子，谈何容易？然而，李元昊的鼻子还是被人割掉了。削掉李元昊鼻子的不是别人，正是他打小最喜爱的儿子宁令哥。

李元昊虽然在西夏建立起自己的强大帝国，但是部落宗族间的矛盾斗争始终没有停息。史载，李元昊"性凶鸷，多猜忌"，又说他"峻诛杀，以兵法部勒诸羌"。当他刚刚接过王权，就遭到母后家族卫慕氏势力的严重威胁。为巩固王权，李元昊不仅将其舅氏斩尽杀绝，甚至用药酒毒死他的生身母亲。李元昊的暴戾，虽然令各宗族表面畏惧，但暗地里的争斗却愈演愈烈。李元昊称帝后，本立其长子宁明为皇太子，但由于宁明和宋的政治主张不符合他的称霸野心，所以有意疏远他，不让他见到自己，以致宁明忧郁而死。宁令哥是宁明的弟弟，因为他的相貌长得酷似李元昊，尤其是有一个隆起的大鼻子，所以元昊非常喜欢他，宁明一死，就立宁令哥为太子。

宁令哥的母亲野利氏原为大将军野利遇乞的从女。野利氏得宠并顺利当上皇后，野利家族也因此声望日隆。这引起李元昊和其他家族的强烈不安。这时，有人控告野利遇乞兄弟阴谋作乱，李元昊不分青红皂白，杀了野利遇乞全家。

没藏是西夏的一个强族大姓，但在朝中却没有多大势力，于是他们也打起与皇室联姻的主意。大臣没藏讹咙的妹妹原许配给宁令哥为妻，不知什么时候被李元昊看到，李元昊见她容貌美丽，就自己迎娶过来，号为"新皇后"。

没藏讹咙于是找机会向宁令哥表达自己对李元昊夺媳的强烈不满。宁令哥心中就此产生了仇父之情。

皇后野利氏见李元昊移情于没藏氏，十分愤恚，她一心要除掉没藏氏，于是将一柄利刃交给宁令哥，要他找机会行刺。一天晚上，宁令哥持刀偷偷溜进李元昊的寝宫，突然与李元昊正面相遇。宁令哥躲避不及，又遭李元昊厉声喝问，仓皇之下，他挥刀相向，不偏不倚正好砍到李元昊的鼻子。第二

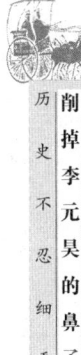

天，李元昊因为鼻子受重创而死。

宁令哥逃到没藏讹庞处请求避难。但没藏讹庞却沉下脸来，喝令手下将宁令哥捆绑起来。弑君的宁令哥被当众处死。没藏讹庞掌握了朝政大权，三个月后，没藏氏的遗腹子李凉祚出生，被立为新国王。

西夏发生的这一切变故，其实正是没藏讹庞一手策划的。他不用一兵一卒，就轻而易举地让没藏家族登上国家权力的巅峰。只是他没想到的是，他的亲外甥，他精心抚养并培养成人的西夏国王李凉祚掌权之后，第一个大动作就是剪除没藏家族的势力。李凉祚如他父亲李元昊一样，对敌人毫不手软，于是，他十分痛快地给了他舅父——现在王权的最大敌人鼻梁上一刀。

辽王朝的两位萧太后

辽是契丹族于公元907年在中国北方地区建立的一个王国,历二百零九年,公元1125年被女真人所灭。在短短的二百年间,辽王朝出现了两位杰出的女性:一位是辽太祖耶律阿保机的皇后萧平,史称应天太后;另一位是景宗耶律贤的皇后萧绰,史称承天太后。

阿保机是辽国的开国皇帝,一生戎马。萧平总是随他左右,参赞军务,成为阿保机身边最重要的谋士和助手。阿保机十分欣赏她的才干和智慧,遇到大事总愿意听取她的意见。比如她建议太祖任用汉人,并推荐韩延徽、康默记、韩知古等人帮助辽太祖定法律、正班爵以及定立赋税制度,为辽王朝向封建体制转化作出了积极贡献。

萧平在辅佐辽国两代皇帝中,都起过重要作用。一次,吴王送来火油,据说这种油遇到水,会燃烧得更炽烈。辽太祖阿保机非常高兴,亲选三万骑兵,带上火油,准备攻打幽州。萧平劝说太祖说:"哪有因为试验油而兴师动众去攻打别人的国家呢?这样的发兵理由如何能够鼓舞士气打得了胜仗?"她还用了一个精辟的比喻,告诉太祖,要取得幽州,不一定非得使用武力。她问太祖:"树若没有皮还能活吗?"太祖回答:"不能。"她说,幽州的百姓和土地，正和树与皮是同样道理。现在，我们只要用三千骑兵去不断掠夺幽州的四野，那里的百姓一定会不堪其扰，用不了几年，幽州就自然属于我们的了。太祖采用了她的计策，果然奏效。

还有一次，她的儿子太宗急着要攻打后晋国。应天太后萧平对太宗说："能不能让汉人当契丹的皇帝？"太宗说："不能。"太后说："那你为什么一定要当汉人的皇帝呢？"她又说："你今天即使得到汉人的土地，也不可能长住。而且万一战争失利，那时后悔莫及。"一席话，打消了太宗出兵的念头，为契丹赢得了数年的和平生机。后来，太宗还是出兵占领了后晋国国都汴京，但在占领中遇到顽强的抵抗，吃尽了苦头，他想起母亲的话，不禁感叹地说，汉人果然难制，我确实当不了汉人的皇帝。于是不得不率全军离开汴京。而太宗自己也在归途中一命呜呼。

承天太后萧绰更是一位杰出的政治家。景宗多病，国家大事都交给萧绰处理。萧绰治理国政十分干练，"任人不疑，信赏必罚"，因而"百司首职，罔敢偷惰"，成就了景宗时期的清明之治。景宗去世时，圣宗即位，年仅十二岁，"主少国疑"。萧绰奉遗诏摄政，当时也才三十岁。而诸王宗亲等二百多人拥兵握权遍布各地，朝廷内外人心惶惶。加之，南有宋朝虎视眈眈，西有阻卜时叛时服，东有高丽离心离德。但萧绰大胆起用一批名将重臣，很快就控制了局面。承天太后摄政期间，外用耶律休哥、耶律斜轸等一代名将，内起室昉、韩德让等两朝重臣辅佐幼主。而她"善驭左右大臣"，因此"多得其死力"。耶律斜轸是辽国著名战将，手握重兵，为了笼络他，萧太后命圣宗与斜轸在殿前相互交换弓箭、鞍马，相约为朋友。她不仅擅长政治手段，而且还有卓越的军事指挥才能。每次攻宋她都亲自披甲督战，极大地鼓舞了辽军的士气，取得了高粱河大捷。在著名的澶渊之战中，她还亲自驾驭战车指挥三军，赢得了战争的最终胜利，使宋朝廷签下了屈辱的城下之盟。

两位萧太后虽然聪慧练达，但一个为了儿子，一个为了情人，也都分别作出过有碍国体和有悖人理之举。

应天太后曾参与两次帝位之争。在三个儿子中，她偏爱次子耶律德光和三子耶律李胡。她先设计以皇太子耶律倍为东丹国王,目的就是以东丹王易皇太子之位。太祖去世后,她又废除太祖依中原封建制度制定的长子继承法,而按照契丹在建国前沿用的民主公选可汗的仪式,让耶律德光和耶律倍乘马立于帐前,对各位酋长说:"两个儿子我都喜爱,不知立谁好,让你们诸位决定,你们认为谁适合当皇帝,就牵谁的马缰绳。"各位部落头领都明白应天太后的用心,争相牵耶律德光的马缰绳,从而顺利地让耶律德光取得帝位,是为太宗。应天太后此举却招致大臣们的强烈反对,于是她采取残酷的镇压手段,先后处死迭里、匹鲁等反对官员上百人。太宗死后,应天太后故技重演,又想方设法要把帝位传给三子李胡。这引起了前线将领的普遍不满,他们一致拥立世宗(耶律倍的长子)即皇帝位。而应天太后为了儿子竟亲自率兵讨伐孙子,两军隔潢河(今西拉木伦河)对阵。要不是耶律屋质等大臣极力斡旋,辽国险些爆发内战,酿成血肉之灾。

而承天太后萧绰更是以个人喜怒定生伐。她十分宠爱大臣韩德让,战争中获得的各种宝贝,她常常亲自送到韩德让府上。一次,在打马球时,将军胡里室动作过大,将韩德让撞下马来,太后勃然大怒,竟当即下令将胡里室斩首,而后又重重赏赐韩德让,引起国人的不少非议。两位姐姐与她不和,她便毫不犹豫地赐死她们。

太后专政,一定程度上反映了契丹民族传承匈奴的遗风,但同时也给女性在政治和军事舞台上施展才华提供了绝好的机会。辽朝的两位萧太后从此便被镌刻在中国历史的长廊中。

西去的辽国

由于杨家将的故事家喻户晓,几乎每个人都知道北宋和辽的那段血腥战事,知道那位很有军事才能的辽国萧太后,但对耶律大石其人,则恐怕知之者甚少。

辽是契丹民族建立的国家,曾强盛一时。辽和北宋间进行过三次大规模的战争。前两次,北宋发动的进攻均告失败。第三次,萧太后和圣宗皇帝亲率二十万辽军南侵,直至澶州城下。公元1005年,辽、宋达成和议,北宋每年送给辽银十万两,绢二十万匹。这就是历史上有名的"澶渊之盟"。连年战争,严重削弱了两国国力。

螳螂捕蝉,黄雀在后。在契丹人统治下的黑龙江一带,女真人崛起了。公元1114年,女真人起兵抗辽,第二年建立了金国。由于辽朝末代皇帝天祚帝昏庸无能,加之国内连年灾荒,民不聊生,金兵进攻势如破竹,不到十年时间,辽的大部疆土便被金占领。天祚帝逃至深山,辽朝行将灭亡。

于是耶律大石出现了。他不是盛世的英雄,而是亡朝的人物,这个人物的出现注定带有几分悲壮的色彩。

耶律大石是辽太祖的八代孙,他精通契丹文和汉文,擅长骑射。考取进士后被辽朝天祚帝钦点为翰林。

耶律大石时为辽国兴军节度使，经历过与金兵大小数十次战斗。天祚帝在军事失利后逃往夹山。因为金兵逼近，国中不能无主，大石先是和众大臣一起拥立天祚帝的叔叔耶律淳为王。天祚帝为此责备大石："我还在，为什么拥立别人为王？"大石回答说："陛下以全国之力，尚不能抵抗住敌人，放弃国家远逃。那么，即使再拥立十个国王来抗击敌人，又有什么害处？"天祚帝无言以对，下令赏赐大石酒食。耶律大石后来在居庸关抗金战斗中失利，被金兵俘获，经过九死一生的磨难，终于逃出金营并回到天祚帝身边。他劝天祚帝保存实力，见机而动，不要硬拼。但天祚帝听不进他的话，仍想倾尽全力做最后一搏。

眼见辽国灭亡在即，耶律大石在劝说无效的情况下，毅然带领部下二百多人向西出走。

这是一次带有"叛逆"性质的行动，是一条前途未卜的艰难之旅。他们不敢走人烟稠密的大道，不仅仅是敌人，就是自己人，也会把这支小队伍轻而易举地消灭掉。他们甚至没有足够的武器、粮食和越冬的装备。而严冬已经来临。他们顶风冒雪，忍受着饥寒交迫的痛苦，历尽艰辛，越过浩瀚的沙漠，行程万里，经蒙古进入新疆。一路上，耶律大石以匡复辽国为号召，不断扩充军马，并一直向西，直至进入今天的乌兹别克斯坦、吉尔吉斯斯坦和哈萨克斯坦境内。这时，耶律大石已有战马万匹，形成一支无坚不摧的铁流。

耶律大石到达寻思干（今撒马尔罕）时，西域各国组织联军十万人，号称"忽儿珊"（大军）前来阻击。大石率师分三路迎敌，自引精骑进攻忽儿珊的中军，忽儿珊大败，尸横遍野。在打败了西域各国十万联军之后，建立了西辽国。

西辽逐渐强盛，成为中亚一个强盛的国家。西辽把中原文化带到中亚，与当地文化相交融，对中亚的开发作出了积极的贡献。

耶律大石当然不可能，实际上也没有必要恢复那个业已寿终正寝的辽国，重要的是，他创建了一个富有朝气的崭新的西辽国。纵观中外历史，在末世

王朝而大有作为的，耶律大石无疑是一位值得大书一笔的人物。

他有匡复辽国的志向，但又不像许许多多亡国的志士那样，为行将毁灭的王朝做苦苦的争斗，直至洒尽最后一滴鲜血。与其为一具死尸殉葬，不如诞生一个新人。他审时度势，以灵活的斗争策略和创造的思想，毅然踏上无边的沙漠，扬鞭西去。迈出这一步，对于作为贵族后裔和辽朝高官的耶律大石，尤为不易。这更需要无畏的精神，需要决绝的勇气和顽强的意志。

耶律大石成功了。他的成功，不仅仅在于他对辽国的再造，西辽从此成为世界历史上一个不容忽视的事实。他的成功，更在于他富有创造的灵活性，面对现实，放眼未来，果决地抛弃旧思想、旧观念乃至旧体制的束缚，这才是耶律大石对后人最有益的启示。

清流张佩纶

公元1884年8月23日下午1时3刻，停泊在福州马江水面上的法国军舰利用退潮之机迅速向中国军舰开炮，不到三十分钟，福建海军的全部家当军舰十一艘、商船十九艘被击毁击沉，八百五十七名将士壮烈殉国。接着，法军又炮轰船政局，使船厂遭受严重破坏。这就是震惊中外的马江海战。

法军大炮轰响，正在马尾船政局署衙内的会办福建海疆事宜大臣张佩纶一时急火攻心，突然晕厥，被手下人挟扶着逃往鼓山。船政大臣何如璋也赶忙逃往乡下祠堂躲藏。

马江海战的惨败激起国人的极大愤慨。指挥福建海军的张佩纶、何如璋自然罪责难逃，清政府下令将张佩纶和何如璋革职，流放戍边。

毁军误国、临阵脱逃，张佩纶成了人人皆曰可杀的千古罪人。然而，这就是那位年轻倜傥、热血沸腾的张佩纶吗？仅仅三个月前，张佩纶还是京师有名的清流党人，一位令人畏惧的都察院左副都御史，十多年里，弹劾大员、讽议朝政，言辞铿锵，天下闻名。

"清流党"是慈禧朝京师官场上一个特殊的群体，成员基本上都是翰林出身，以李鸿藻、潘祖荫等为首。他们崇尚气节道义，痛恨贪官庸吏。在对外

交涉中则力主强硬态度。

慈禧从骨子里不喜欢清流党，但她需要政坛各种力量的平衡。需要清流党们给那些权柄很重的功臣督抚们制造一些麻烦，特别是那些劣迹斑斑的大官显宦，让清流党们群起纠劾，而后革职查办，未尝不是一件得人心的快事。

张佩纶就是清流党的中坚人物。他博闻强记，文笔犀利，而又疾恶如仇、敢作敢为。清流党人的许多弹劾奏疏都出自他的手笔，为此很多人怕他恨他，但更多人喜欢他敬重他。甚至有琉璃厂的书商找上门来，请求让他们选择其中的一部分雕版印刷成书，以流传于世。

北洋大臣李鸿章虽然欣赏张佩纶的才华，但也十分恼怒他在国事上总与自己针锋相对。而让一介书生出任主持闽海对法军事的会办福建海疆事宜大臣，就是李鸿章的主意。他向慈禧极力推荐张佩纶，也许初衷只是想让空谈政治的书生多一些历练和军事实践，这样回头再谈论国事时能够更切合实际。

就这样，三十六岁的清流人物张佩纶怀着一腔报国壮志来到福州马尾，来到抗法前沿。他视察了闽江口两岸炮台后，认为虽然士卒新募、武器陈旧，但依然"有险可凭"，于是下令加强炮台守备，调集各将领，认真操练。对于已经麇集于马江水面的法国军舰，他又多次紧急上书，请求先发制人，并速调南洋舰队前来援助，但却迟迟得不到清廷的批准。吏部给事中万培因针对福建形势也奏称："以一省之兵力、船只防一省则不足，合数省之兵力、船只助一省则有余。现在福州告急，若不迅速救援，福州必危。"然而掌握和战大权的李鸿章、曾国荃继续推行"避战求和"的路线，以和议将成为由对求战之声给予严厉斥责。总督何景更是严令水师不准先行开炮，违者虽胜亦斩。张佩纶痛感战局的被动，他在给安圃侄的信中这样写道："株守遂已一月，请先发不可，互援不可，机会屡失，朝令暮更……曾李置之身外，战在肘腋，犹且如此，国事可知。"于是，张佩纶眼睁睁地看着装备精良的法国军舰和破旧简陋的中国兵船在江面上形成力量悬殊的对峙双方，并且还只能仰承谕旨，勒束诸军："彼若不动，我亦不发。"

此时，无须开战，胜负已定。

马江海战突然爆发了。中午时分,法军司令孤拔签署的"宣战书"送到了福州闽浙总督衙门,这时离开战的时间还有一个多小时。按理,总督何璟应该及时通知马尾当局和长门炮台。然而,海战之后,何璟、张佩纶、何如璋和福州将军穆图善在四衔奏稿中却说,当经电知马尾、长门;长门线断,不得达,马尾未接电音而法人已先开炮。也就是说,由于宣战时间无法及时送达,造成福建水师无应战准备而致惨败。事实是否如此,史学界至今众说纷纭。这是清廷的一桩悬案。但这条理由或许能为四位前线大员减轻一点罪责,为全军覆没的福建海军挽回一点面子。也许,正因为此,临阵脱逃按律当斩的前线指挥官张佩纶、何如璋只是被革职充军了事。

何如璋是引狼入室之人,正是因为他轻信孤拔船队停靠马尾补充淡水的谎言,才酿成今天的大祸。对福建水师的毁灭他自然难逃其咎。而张佩纶一向是主战派,甫到马尾就提出过"先发制人"和速调南洋水师北上增援的正确主张,只是朝廷没有接受而已。他早看出海战失败是迟早的事,只是没有料到战争会来得这样快,结局会这样糟糕。而身为前线总指挥,临阵脱逃的耻辱,则是任什么也洗刷不掉了。

张佩纶就这样满腹委屈、满怀怨恨地走上了流放戍边之路。但令人料想不到的是,充军期满返京后,这位硬骨铮铮的清流俊杰竟遁入李鸿章幕府,还当了李鸿章的女婿。从此,朝堂之上,再听不到他掷地铿锵的慷慨陈词;而坊间自然也绝不会再看到那些金声玉振般的奏疏刻本。

一场马江海战,打垮了福建水师,同时也彻底打掉了清流党人的狷狷傲气。

抬着棺木出访

公元1896年，一位已经七十三岁高龄的中国老人，带着自己的棺木出访俄国、德国、荷兰、比利时、法国、英国和美国等八个国家，历时一百九十天，横跨三大洋，行程九万多里。这位中国老人就是李鸿章。

这位器宇轩昂、谈吐不凡的中国外交官让西方朝野为之倾倒，也让中国人第一次成为欧美报刊的正面形象。

抬着棺木公干，不是李鸿章的发明。

最早抬着棺木出征的是三国时魏国的大将庞德。庞德原是西凉马超帐下的一员虎将。马超战败后投奔刘备，成为刘备的五虎大将之一。而庞德则归了曹操。当关羽耀兵樊城，曹操派于禁率军救援，需要选拔一名先锋将领。庞德自告奋勇报名参战。为了表明他的决心和忠心，出征时他让人抬着棺木跟随其后。

与李鸿章同朝为官的左宗棠，在六十四岁率大军收服新疆时，也让人抬着棺木。这是发生在二十年前的事。阿古柏势力侵入新疆后制造分裂，公开叛乱。左宗棠力主进军新疆平叛，朝廷因此发生了塞防和海防之争。为了国家领土统一，左宗棠不顾年迈亲率大军入疆，于是棺木随军便传为美谈。

或许李鸿章是受了庞、左二人的启发，但也与他的外交经历有关。一年前，甲午海战失败，李鸿章代表清政府前往日本谈判，在马关遇日本暴徒刺杀，一颗子弹击中李鸿章的颧骨，险遭不测。办理外交如此风险，一个年逾七旬的老人带着自己的棺木出访，也在常理之中。

李鸿章出访欧美之所以受到美俄诸国的青睐，跟甲午海战后的局势变化有很大的关系。

甲午海战失败，中国被迫和日本签订马关条约，除割让辽东半岛（后以交纳巨额赎辽费的方式免于割让）、台湾及澎湖列岛，赔偿二亿三千万两军费外，还允许日本在威海卫驻军，开放长江诸口岸。日本势力范围激增，迅速跻身世界列强行列。这自然引起西方国家的强烈不安。德国皇帝威廉二世曾特意请画家克纳科弗斯创作了一幅油画《黄祸图》送给俄国沙皇，并下令将该图雕版印刷。他还就亚洲"黄祸"问题与沙皇不断通信。现在日本持战胜国的姿态，想一口吃掉中国的辽东，这更印证了他们的判断。于是在远东有切身利益的俄国，遂迫不及待地联合德国和法国，出面逼迫日本归还辽东。俄国的强硬姿态不仅让清国朝野惊魂稍定，而且被看成是世界列强中一个可以倚仗的"老大哥"。

就在甲午海战爆发之时，老沙皇亚历山大三世病逝，其子尼古拉二世即位，将于公元1896年5月举行加冕典礼。清政府决定派湖北布政史王之春前往祝贺。但俄国公使喀西尼在得到清政府的决定通知后立即提出交涉，认为王之春品级太低，希望清政府派王公或大学士出使俄国。

经过反复商议，清朝廷以慈禧太后懿旨的名义，宣布改派李鸿章为正史，邵友濂为副使。李鸿章也当即上《吁辞俄使折》，请求皇帝"收回成命，别简贤员"。但清廷实在派不出能够办外交的高级官员，第二天再下圣旨："李鸿章耆年远涉，本深眷念，唯赴俄致贺，应派威望重臣，方能胜任。该大学士……无得固辞。"圣旨之严厉，根本没有商量的余地。李鸿章只得打起精神，做出访的各种准备。抬上棺木，就是出行准备的一个重要内容，以备万一客死他乡，好就地入殓，而后运回国家，免成异乡之鬼。

说实在的，在李鸿章的政治生涯中，曾几次死里求生，化险为夷。比如上年的赴马关谈判，中方提出双方先停战，再议约，军事上正节节胜利的日方一口拒绝。气闷的李鸿章从会场返回客所，在途中遭遇刺客，子弹深入李鸿章左眼下方，几乎丧命。消息传出，世界舆论大哗。日本天皇和百姓也表示震惊和慰问。李鸿章遭刺受重伤的结果是日本主动提出停战。日本外交大臣陆奥宗光还私下对李鸿章的儿子李经方说："中堂之不幸，中国国家之大幸，中日战争将从此结束了。"因此，对此次西行，李鸿章表示愿为国家再舍一回残躯。

只是让李鸿章万万没有想到的是，他的这次抬着棺木的生死之行，竟然收获了毕生最高的荣誉。本来，对日海战失败，他苦心经营的北洋水师几乎全军覆没，自己已成舆论界众矢之的。而《马关条约》的签订，他又被许多国人指斥为丧权辱国的卖国贼。朝廷也开始冷落他，弄得他灰头土脸，终日躲在自家庭院里不愿见人。

李鸿章这次出国访问，不仅仅是作为祝贺俄皇加冕典礼的专使，光绪皇帝还要求他同时访问德、法、英、美、比利时、荷兰等国，与各国商量提高关税等事宜，以便为支付给日本的巨额战争赔款开源。而清廷对李鸿章的这番出使也确实重视，出访前，慈禧太后亲自接见了李鸿章，密谈数小时。而且为了方便照顾李鸿章的生活起居，朝廷还给他的儿子李经方赏带三品衔，令随同出访。

李鸿章到德国后专程访问了克虏伯工厂。甲午战争失利让他痛感大清国武器的落后，希望从克虏伯工厂采购一批重炮，以便加强海防力量。克虏伯工厂为李鸿章一行的到来举行了一个简短而又隆重的欢迎仪式。按照惯例，欢迎仪式开始先奏两国国歌。当德意志国歌奏响时，在场的人们都注意到了这位七十三岁的大清国使有些坐立不安，额上还沁出豆大的汗珠。因为大清国没有国歌，怎么办呢？果然，德国国歌奏停后是一段寂静的空白。不过，只停顿片刻，忽然，李鸿章从座位上站起，用苍老而略带沙哑的声调吼出一段家乡的皖剧，悲凉而激越的唱腔里倾注了这位老人对祖国和家乡的全部感情，让在座的所有人为之动容。人们全部起立，报以热烈而持久的掌声。

西方各国媒体和民众对李鸿章的造访表现出浓烈的兴趣。李鸿章所到之处，都受到大国上宾的待遇。当地民众尤其是华人华侨纷纷走上街头夹道欢迎，可以说是万人空巷、围观若堵。而同一时期的日本名将、著名政治家山县友朋访欧却受到冷遇。李鸿章也一洗甲午以来的颓丧和疲惫，精神顿感振奋，充分展示他机敏、优雅的外交风采，博得各国政要以及民众的一时称许。在对日战争中惨败的清国，也多少挽回了一些面子。

但是待李鸿章风风光光地返国不久，西方各国对中国的态度又起了变化。俄、德、法三国步日本的后尘，竞相向中国强索军港海湾，划分势力范围。不过，这已经跟李鸿章的出使任务无关了。

最后的权力

公元1276年，宋端宗赵昰在福州登基，时年九岁。围绕在皇帝身边的文武大臣有陈宜中、陆秀夫和张世杰。他们都是年初从温州跟随端宗一路逃来的。其时，元军大举南下，即将攻陷南宋都城临安。在众大臣的紧急请求下，谢太后同意册封赵昰为益王，判福州；赵昺为广王，判泉州。由驸马都尉杨镇保护杨淑妃和益王、广王兄弟南下福建，期盼能为南宋保住两条皇脉和一隅江山。元丞相伯颜得到消息立即派范文虎带兵追赶二王。杨镇断后抵挡追兵，母子三人则由杨淑妃的弟弟杨亮节等家人背着，徒步而行。二王一行在山中躲藏了七天，才逃过了元军的追杀，来到温州。当临安沦陷时，正在和元军谈判的礼部侍郎陆秀夫和苏刘义听说二王逃往温州的消息，抽身脱逃，在路上赶上了他们。然后派人去请已先期潜回温州老家的当朝右丞相陈宜中，接着又召来了率军退守定海的大将张世杰。就在温州的江心寺，在宋高宗当年南逃时留下的御座前，众人为临安的陷落大哭了一场，之后，尊奉益王为天下兵马都元帅，广王为副元帅，发出布告，号召各地忠义之士共同辅佐王室。

五月，益王、广王一行乘海船进入闽江口，在林埔村驻跸。二王从温州撤退的时候，随行的官兵已经扩展到十几万之众，船只逾千艘，旌旗飘扬，声势浩荡。林埔距福州府城还有三十多里水路，但因元军已逼近福建，陈宜中和陆秀夫、张世杰商议，就在林埔让益王即帝位。随行军队数万人将江边的一处山头推平，建造了一座简易的行宫。这个地方被后人称为"平山福地"。端宗王朝一建立，首要任务就是分封官职，任命陈宜中为左丞相兼枢密使，都督各路军马；张世杰为枢密副使，陆秀夫为直学士，苏刘义主管殿前司，重新组织起南宋政权。让年幼的益王匆忙即皇帝位，表面上是为了全国抵抗的需要，实际上，则是对陈宜中等人执政权力的进一步确认。本来只是几位仓皇逃难的皇室成员和几位亡国的大臣，因为有了朝廷的名义，也就有了最后的权力。

其实，这个时候，江南的时局还在发生大动荡。本来人数不多的蒙古军队一路接收政权，行至江南，已感捉襟见肘。加之天气湿热，水土不适，因此，打仗主要靠的还是汉人降将。虽然临安已经陷落，但听说二王在逃，南宋皇室还在，抵抗仍在继续，许多州县更是时降时叛，让蒙古人十分头疼。尤其是福建，古称山国，这里冈峦起伏，道路崎岖，蒙古人的铁骑尚未到达，局势依然迷蒙。现在，一个新政权在福州成立，忽然让南宋遗民在沉沉黑暗中看到一线光芒。闽江口的这座不大的边城，一时成了全国抵抗中心，人们从四面八方攀山越岭、渡江浮海往福州赶。但同时，福州也成为了元军下一个重要军事目标。

文天祥在被元军押解北上的途中逃脱，历尽艰辛，也辗转来到福州。当他看到这座在江村野水旁匆匆矗立的行宫，不禁跪地叩头大哭。杨淑妃母子接见了这位千里来奔的义臣。文天祥被授予右丞相兼枢密使，位在陈宜中之下。这个陈宜中，文天祥对他不仅没有好印象，而且曾经深受其累。陈宜中是在权臣贾似道被流放后才开始执掌朝政的。当时蒙古骑兵已经到了南宋都城临安的北门附近。文天祥、张世杰等请求把皇帝、太后、太皇太后转移到海岛，而由他们率众军作背城一战。但陈宜中不同意，说太后决意投降，派人向元伯颜献上降表。伯颜接受了，点名要陈宜中出面商议投降事宜。但就在这天夜里，陈宜中忽然不告而别，逃回家乡温州。于是，太后命文天祥等人出使元军。文天祥因为态度强硬，被羁押在蒙古军营里，之后又送往北方。

现在，文天祥又与陈宜中在端宗朝中同列，两人一见面就有些尴尬。文天祥很快就感觉出陈宜中等人对他的到来并不十分欢迎，除了给一副冷面孔，还事事处处排挤他。

文天祥提出想带一支军队返回浙江，因为那里的抗元义军正风起云涌，理应加紧联系他们迅速收复浙东和浙西，借以巩固福建政权。但这个不错的建议却遭到陈宜中的一票否决。陈宜中是温州人，因为是他提出主动放弃温州的，现在若让文天祥打回去，感到很没面子。而陈宜中的态度就是朝廷的决定。文天祥见国家大事全掌握在陈宜中一人手中，心中十分不快，因此坚决不接受右丞相职务，免得终日受制于人，而只同意担任军事职务：枢密使同都督。很快，文天祥就离开小朝廷，到闽北的南剑州建立司令部，招募民兵，后来又移师汀州，并派部将赵时赏先期到赣州，策划经营江西。

赣州和文天祥有很深的渊源。一年前，他正是从赣州起兵的。当时文天祥担任江西安抚副使兼赣州知州，朝廷征召援救临安的诏书传至赣州时，他捧着诏书泣不成声。然后他发动郡中豪杰，并联络山民，共得一万多人，亲自率领他们到临安参加保卫战。他的朋友劝阻他说："你用这一万乌合之众去对抗精锐的元军，等于驱赶群羊与猛虎相搏。"文天祥说："我知道这样做是不自量力，但我们的以身殉国，可能让天下忠勇之士闻风而起，那么，江山社稷或许还能保得住。"

文天祥出生在吉安富田乡文家村一个富裕的家庭里，二十一岁时到临安参加进士考试，得中状元。他本来个人生活十分豪华，喜欢声色犬马之娱。现在文天祥毅然毁家纾难，将全部资财充作军费，过起一个普通军人的俭朴生活。

不过，游离于权力之外的文天祥，其率领的队伍充其量只是一支义军偏师，在赣南经历了大小数十仗后，局面不但未能打开，形势却越来越恶化。

本来，掌兵打仗不是文天祥的长项，现在，他指挥的缺少训练和装备的民兵要直接面对由南宋叛将李恒指挥的数万元军,并与之争锋,当然十分困难。李恒进军十分迅速,文天祥无法抵挡,逃往循州。一次,部队突然遭遇元军来袭。部将巩信断后,身中乱箭英勇战死。为了保护文天祥,赵时赏假扮成他的模样,坐轿子走在队伍的后面,被元军赶上,赵时赏被俘,不屈就义。文天祥得以逃脱,但妻子和幕僚都被元军俘获。

元军攻陷邵武后,沿闽江进占福州。端宗皇帝与随行军民三十万人自海路退至泉州。但泉州市舶司蒲寿庚随即叛变,杀死在泉州的赵氏宗室和士兵,献城降元。事出突然,陈宜中等奉着帝昰赶忙又奔往潮州。就在逃亡途中,南宋朝中大员们依然在争权夺利。陈宜中想削弱陆秀夫的职权,让谏官罗列出数条罪状。陆秀夫不得不递交辞呈。张世杰实在忍耐不了自己的愤怒,指责陈宜中说:"都什么时候了,还在用谏官来啐论人!"

接着,惠州、广州相继落入元军之手。端宗一路败退,到达珠江口的井澳。此时再无退路,面前就是波涛浩渺的南海。陈宜中提出从海上退到越南的占城,但朝臣尚未及商议,他就自己乘一艘海船扬帆而去,从此一去不返。大难当头,一走了之,陈宜中再一次将自己的为人行事风格表现得淋漓尽致。

端宗庞大的船队在井澳驻扎,等候宰相陈宜中的消息。几天后,船队遭遇了一场强台风,狂风大作,浪涛山立,船只大部损坏。元军将领刘深乘机率军袭击了井澳,宋军急忙转移,但往占城的海路已被元军封锁。在台风袭击时,十一岁的端宗险些落入海中,因受到惊吓而得病,不久死去。

八岁的帝昺继位,朝中由张世杰和陆秀夫执政。正在海丰的文天祥听到消息,要求回到朝廷面见天子,提出自己的恢复规划,但被陆秀夫等人拒绝。文天祥十分气愤,写信给陆秀夫说:"天子幼小,宰相逃去,诏令都出自于诸公之口,岂可用游移之词拒我入朝。"但文天祥无法对抗这最后的权力,他只能站在零丁洋边,感受并叹息着自己的孤立无助。

在潮阳一仗中,文天祥兵败被俘,当见到南宋降将、现在的元军统帅张弘范时坚决请死。但张弘范不许,他甚至想让文天祥写信劝降南宋小朝廷。于是,便有了文天祥名垂千古的《过零丁洋》,有了"人生自古谁无死,留取

丹心照汗青"的不朽诗句。

公元1279年初，经过数月围困和激战，由张弘范指挥的元军攻陷南宋最后的堡垒崖山，陆秀夫背起小皇帝投海而死。南宋最后的权力也随之沉入大海。

元军将文天祥押回大都。从广东越梅岭进入江西后转水路沿赣江北上，正好要路过文天祥的家乡吉安。元军怕吉安父老兄弟前来劫船，将文天祥缚足系颈，锁在船中。文天祥也想死在自己的家乡，一进入赣江就开始绝食，但整整八天居然不死，而船早已过了吉安。

在被元军羁押了四年之后，公元1282年，文天祥慷慨就义。他的指发衣冠被运回吉安葬在家乡的墓地里，墓前的石坊上书写着四个大字："仁至义尽"。文天祥是在临安将破、陈宜中逃跑时被任命为右丞相的。实际上，他一生中没有真正执掌过一天丞相的权力，但无论是南宋的军民，还是后来元的官员，大家都称他文丞相。因为他才是众人心目中的南宋丞相。

陈宜中逃往占城后从此不知所终，甚至连元人都不想再打听他的下落。

一代完人

公元1646年3月5日,黄道周在南京引颈就戮,临刑前破指血书:"纲常万古,节义千秋。天地知我,家人无忧。"

其实,他早就视死如归了。他以花甲之年,亲率一支没有经过任何军事训练、更没有经过任何战阵的三千人队伍,直趋江西,扑向数十万清军的虎狼之师,不死何如?

这位官拜武英殿大学士、吏部尚书兼兵部尚书的南明隆武朝第一重臣,其实手中既无兵也无权,有的只是一部纲常,还有一腔碧血。

黄道周是明朝末年的一位大儒。还在青少年时代,他便做了充分的人品和才学的积累。他有意远离尘闹,在东山荒僻的石洞中读书思考,追慕古代仁人志士的气节文章,积累了丰富的知识,树立了远大的志向。三十八岁时,黄道周考取进士。崇祯三年(公元1630年),四十六岁的他应诏入京。这时,他的文章人品已经轰动京师。当时宰相钱龙锡因为袁崇焕案株连入狱,已拟极刑。全朝大臣都畏祸不敢言。只有黄道周连上三疏,为他辩解。钱龙锡得以免死。黄道周却被盛怒之下的崇祯皇帝直降三级,最后削职为民。六年后,黄道周复官。但是出现在朝廷上的仍然是那个认准道理便不依不饶的黄道周。

黄道周也因此吃尽苦头。

崇祯十一年（公元1638年），黄道周连上三疏弹劾首辅杨嗣昌，惹怒崇祯皇帝。他却毫无惧色，当庭与崇祯抗辩，并指出他上疏的原因："臣三疏皆为国家纲常。"结果被连降六级，逐出京城。崇祯十三年（公元1640年），五十六岁的黄道周被廷杖八十并下狱。在狱中杖疮发作，差点送命。

旅行家徐霞客一生仰慕他，赞他"字画为馆阁第一，文章为国朝第一，人品为海内第一，其学问直接周、孔，为古今第一"。《明史》则称："道周学贯天人，所至学者云集。"

清代著名文学家方苞在《望溪文集》中曾记载了一段关于黄道周的逸事。说余中丞召集学生和谭友夏在南京结社。刚好黄道周来南京游历。大家都听说黄道周为人十分严谨。就故意请来当时倾城倾国的名妓顾氏来给黄道周斟酒。想不到黄道周没有拒绝。诸位先生不肯甘休，又让顾氏和黄道周同卧一室，来测试黄道周是否真君子。睡觉的时候，黄道周先是自己拥着被子，裹着草席。顾氏见状，亲昵地靠近黄道周。却听黄道周说："你这样做是没有用的。"过一会儿，顾氏又以身体傍上黄道周，可是他却旁若无人，酣睡如初。于是顾氏感佩地说："像黄公这样的名士，写诗喝酒，就感到快乐满足了。日后能成为圣人君子、忠臣孝子的，非黄公莫属。"这件事，在文坛传为美谈。

公元1645年，在郑芝龙、郑鸿逵的拥戴下，唐王朱聿健在福州登基，是为隆武皇帝。朱聿健为了提高朝廷的声望，特别注意网罗人才，以礼敦聘各地名声较高的官员入朝任职。已经六十一岁的黄道周被举荐任武英殿大学士、吏部兼兵部尚书。

但朝廷新建不久，就发生了朝班事件。郑芝龙认为皇帝是靠他的军队才当上的，朝见时，他自然应排在文武诸臣的前面。但首席大学士黄道周却以祖制勋臣从来没有位居班首为由，坚持不让。隆武帝不得不亲自干预，黄道周虽赢得了表面胜利，但却令郑芝龙怀恨在心。

不久，朝中又发生了何楷之难。一次朝会时，因为天热，郑芝龙、郑鸿逵当着皇帝的面挥扇。户部尚书何楷当庭劾奏他俩"无人臣礼"。郑氏兄弟对他恨之入骨，于是处处刁难他。何楷被迫辞职回家。郑芝龙竟派部将杨耿在路上设伏要杀死他。杨耿佩服何楷的骨气，只割掉何楷的一只耳朵回去复命。

隆武皇帝锐意恢复，而郑芝龙却拥兵自重，挟制朝廷，双方矛盾日益激化。黄道周十分愤慨，自告奋勇率兵出福建，联合江西义军金声部，设法打开局面。但郑芝龙既不派兵，也不接济粮草。黄道周勉强拼凑了三千多士卒出发了。他的学生李世熊在《再上石斋黄老师书》中说："先生之行也，招募市人才三千耳，饷不给于国帑，而资于门生故友之题助，此一时义激慷慨耳。朝廷才给空门扎百十道以当行银，兵事岁月未可解，义助能岁月例输乎？空劄可当衣食易死命乎？就令士马饱腾，人人致命，三千未教之卒可枝住诸道分进数十万之方张之寇乎？"李世熊在这封信中分析得已经很清楚，黄道周此行必败无疑。但黄道周还是像当年的文天祥一样，率领三千名没有经过任何训练的新兵，怀揣百十张空白委任状，义无反顾地向江西婺源进发。

黄道周虽然读过一些兵书，还为《广百将传》作过注断，但这些都还只是纸上谈兵，并没有指挥打仗的实际经验。施琅曾随同黄道周出征，他凭军事眼光看出这样一支乌合之众要和清军的虎狼之师对抗，无异以卵击石。因此，他向黄道周建议，遣散这支军队，而挑选有作战经验的将士组成精干的小分队由小路悄悄进入赣州，再以首席大学士督师的名义节制和调动各省的军队，会师进取。但黄道周没有采纳施琅的正确意见，坚持轻兵冒进。黄道周进入徽州不久，江西义军金声失败被俘的消息即传来。黄道周这才知道，他和金声实际上只隔着一个山头，却不能及时救援。更不利的时刻到来了。清军在侦知黄道周的扎营地后，乘夜从三路对他进行围攻。黄道周指挥部下仓促应战，不到两个时辰，士卒牺牲一千多人，余众溃散，他本人和兵部主事赵士超等被俘。

洪承畴去狱中看望他，他们原是老朋友，还是福建乡亲，在朝廷共事时，曾一块砥砺学问，相知甚深。但黄道周给了他最大的蔑视。他说你是哪个洪承畴啊？我朝大学士洪承畴早在松山会战中牺牲，先帝还为他致祭十六场。可谓生荣死哀，名留青史。你怎么敢来冒充他？赶快给我出去！

几次碰壁后，洪承畴终于放弃了劝降的努力。

随黄道周从军的四个学生：中书赖继谨、蔡春溶，别驾毛玉洁，兵部主事赵士超要求和黄道周一同赴死。他们相扶着踉跄前行。到了东华门，黄道周席地坐下，不走了。他说："这里离高祖皇帝的陵墓很近，可以在这里死了。"于是，黄道周和他的四个学生，在遥拜高祖陵墓后，从容就义。

为崇祯皇帝所不容、几乎因此送命的黄道周，仍死心塌地地为明朝廷舍身战斗直至最后一息，矢志不渝，断首难移。但他肯定没有想到，自己死后却会得到清廷的一再褒奖。乾隆皇帝不但批准乡民为他建祠，追谥其号为"忠端"，甚至还夸赞他："不愧一代完人。"这大概是让九泉之下的黄道周最难接受的结果了。

利剑高悬头顶的一族

公元265年,魏元帝曹奂被逼下诏书禅位于晋王司马炎。司马炎登基,是为晋武帝。鉴于曹魏疏远宗室,导致孤立无援的教训,更为了防止外戚和重臣篡权,司马炎先后分封司马氏二十七人为王,命他们镇守要害地方,并授以军政大权。

一个庞大的皇族就这样瓜分了国家,但他们谁都没有想到,在他们手握利剑、踌躇满志之时,另有一柄利剑此时已高悬在他们每个人的头顶。

司马炎死后,痴呆、懦弱的太子司马衷继位。皇太后父亲杨骏因此独揽朝廷大权。杨骏专权跋扈,待人严厉苛刻,引起朝中大臣普遍不满。皇后贾氏趁机作乱,将杨骏一党剿灭。同时征召司马亮、司马玮等一批宗族入朝主事。早就觊觎皇权的司马氏们带着军队纷纷从全国各地进入都城洛阳。但他们接管了朝政之后却发现,虽属同族,彼此并不能相容,而且积怨甚深的矛盾就此爆发。结果,就在掌握兵权的司马氏诸王之间,展开了一场血腥而残酷的殊死搏杀。这场王室之间的战争,导致了西晋王朝迅速衰亡,还引发了中原氏族的第一次大规模南迁。

始作俑者当然是司马炎,而引燃这一连串战火的却是一位外姓女子贾氏。

她虽有容貌，但个子矮小，肤色也较黑，且生性好妒，自身条件并不优越，完全是靠父亲车骑将军贾充用贿赂的手段，买通杨皇后从而当上太子妃的。

弱智皇帝司马衷登基不久，当上皇后的贾氏就迅疾地发动了一场宫廷政变。她借用的力量自然还是司马氏诸王，因为他们都握有兵权。在消灭了杨骏一党后，诸王中年资较长的汝南王司马亮执掌了朝中大权。而依傍贾氏的郭彰、贾谧等人的势力也越来越大。贾氏还积极拉拢另一位年轻的亲王——楚王司马玮，结为死党。贾氏不满大权旁落，在她的授意下，统领禁军的司马玮，利用假圣旨，冲进太宰府，抓捕了司马亮。司马亮叹息说："我对皇帝的赤胆忠心，可以剖开给你们看。"然而司马玮听了只是冷冷一笑，毫不犹豫地杀了司马亮。可是事成之后，贾氏却翻脸不认人，她让皇帝司马衷迅速派人逮捕了司马玮，并诛灭三族。临刑前，司马玮泪流满面地问贾氏："我难道不是奉旨行事吗？我可是先帝的儿子，竟然受到这样大的冤屈？"可是这时，已经没有人愿意再听他说话了。

贾氏开始独掌朝政。下一步，她要除掉的则是那个不是自己亲生的太子。她制造阴谋，成功地将太子废为庶人，又派亲信把太子活活打死。

这时又一位不甘寂寞的司马氏——赵王司马伦进入国家政治中心洛阳。这是一位野心家，但一开始却装扮得特别忠厚而稳重。司马伦走的还是贾氏的门子，用重金获得贾氏的信任，掌管了首都兵权。

太子被废，人心愤怒，司马伦认为时机已到，于是联络齐王司马冏、梁王司马彤假传圣旨，进入宫内，逮捕了贾氏。贾氏颇感诧异，问司马冏："皇帝诏书从来都是由我来发布的，你们手上会有什么诏书？"又问："起事的都有谁？"司马冏回答："赵王、梁王。"贾氏恨恨地说："拴狗应当先拴脖子，我弄反了，却去拴了尾巴，现在终于遭到祸害。"她的意思是说太子不过是狗尾巴，而赵王他们才是狗脖子，但现在后悔已经来不及了。

看到皇帝司马衷是个白痴，司马伦便同他的亲信孙秀暗中密谋想取而代之。为了实现这一阴谋，他们先后杀害了一大批朝中不听招呼的异己分子。在孙秀的帮助下，司马伦强行登上帝位，并尊司马衷为太上皇。司马伦是司马懿的小儿子，论辈分他是司马衷的叔爷爷。可是为了自己当皇帝，他竟然将孙辈的司马衷摆上了父皇的位置。

齐王司马冏、成都王司马颖、河间王司马颙、常山王司马乂和新野公司马歆均反对司马伦篡权，这些血气方刚的年轻亲王们联名发布檄文，以诛讨奸人孙秀为名起兵。诸王的部队很快攻进洛阳，孙秀被杀，司马衷复位。而司马伦仅仅只过了四个月的皇帝瘾，屁股还没有坐热，就被撵下金銮殿并由宦官押送出宫。不久，父子五人全部被处死。

齐王司马冏率数十万军队进入洛阳，军容威武，震动京城。他被任命为大司马，加授九锡，掌握朝廷大权。从地方一下来到中央，司马冏有点忘乎所以。他居功自傲，奢侈腐化，独断专行，铲除异己，终于引起藩王们的强烈不满。诸王再次兴兵，并由在京城的长沙王司马乂执行讨伐任务。经过一番激战，司马冏失败，遭斩首。同党部属被杀死的有两千多人。

司马冏虽亡，但诸王间的内战并没有结束，甚至可以说，真正的全国性战乱这才开始。而且，一开打就是四年。这四年的战乱可以说破坏性巨大。最初作战的双方，一方是打着皇帝旗号作战的司马乂，另一方是拥有强大军事实力的成都王司马颖和河间王司马颙。双方互有胜负。可是没想到的是，战争正酣时，在京城内的东海王司马越发动了军事政变，逮捕了司马乂，司马乂被活活烧死。胜利者司马颖受封为皇太弟，接管了政权，但和平并没有到来，全国性的战事却发生了新的变化。因为在司马越与司马颖和司马颙之间很快就又爆发了新的战争。司马越取得了最后的胜利，八王之乱，至此打上一个句号。可是晋王朝经历了这一番折腾，已经元气大伤。在北方崛起的氐人、匈奴人趁乱建立起自己的国家。匈奴人的军队，所向披靡，先后攻陷洛阳和长安，最后一把高悬的利剑轻而易举地一下便刺中晋王朝的心脏。

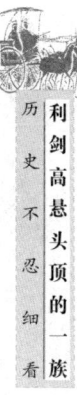

丑闻缠身

梁太祖朱温，原是黄巢起义军的将领，任同州防御使，因为讨厌黄巢派来的监军严实，在作战中献城投降了唐将王重荣。投降后的朱温受到唐僖宗的格外宠信，赐名"全忠"，转而向黄巢开战，并成为起义军最凶恶的敌人。正是他率军攻陷长安，迫使黄巢率部撤离陕西，而后又一路退到河南、山东，最后在泰山狼虎谷遇害。朱温也因战功升为节度使，跻身十大藩镇之列。他勇于作战、长于谋略，从弱小的地位逐渐变为强大。他先后消灭了秦宗权、时溥、朱瑄、朱瑾、刘仁恭、王师范等大大小小的军阀，并把当时势力最大的李克用压制在河东一带，初步统一了黄河流域。公元907年，他建立梁朝，史称后梁。

这是一个弱肉强食、城头变幻大王旗的年代，也是英雄草莽豪强盗贼并存的年代。在和黄巢义军作战中，军阀们时合时分，时和时战，掠夺财物，瓜分土地，如高温阴湿的气候下滋生出的一堆病虫害，肆虐地方，荼毒百姓，嚣乱一时。而在诸多军阀中，又以朱温最为阴毒狡诈。这位丑闻缠身，不断为人所诟病的皇帝，尽管史官为之左右掩饰，仍然难遮其丑。

朱温为人反复无常，善用权术，而且为达到目的不择手段。为了取得唐朝廷的信任，朱温一投降便认王重荣为舅父，并要求改名，请朝廷赐名全忠。依靠王重荣的势力，朱温在军中的职务不断提升，地盘也渐渐扩大。

公元880年，由于黄巢军势强大，驻守汴州（开封）的朱温遂向河东节度使李克用求援。李克用是沙陀族首领，勇猛无敌，为部下推服。沙陀本是西突厥的一支，骁勇善战，曾占据山西北部大同一带，这时被唐朝廷招抚，参加对黄巢义军的作战。李克用率军队到了汴州，扎营于城外。朱温表现得十分热情，请他进城，安排在城中最好的上源驿住宿，当晚还设酒宴歌舞招待。李克用为人耿直粗鲁，借酒醉讲了一些对朱温不太恭敬的话。朱温听了非常恼怒，当下就起了杀机。酒宴结束后，他与手下将领杨彦洪密商，先用车马树栅堵住四周的道路，然后发兵围住馆驿攻打，杀声震天动地。李克用已经喝得酩酊大醉，手下亲兵急忙用冷水将他浇醒。他们以强弓抵御朱温士兵的轮番进攻，情势十分危急。正好这时暴雨骤降，天昏地暗。李克用带着十几个随从跳墙突围，借着闪电之光寻路而行。激战中，李克用拼死脱身，用绳子从汴州城墙上缒城而逃，但随行的三百多人都被朱温杀死。

当晚的激战中，不知朱温是有意还是无意，居然亲手一箭射死了骑马走在他前面的一起策划并组织这场军事行动的将军杨彦洪。

天明后，李克用回到大营，准备发兵攻打朱温，被妻子刘氏劝止。刘氏说："您是为国讨贼，前来救援东部诸侯的，现在汴人不道义，想谋害您，您自然应该向朝廷申诉。如果擅自举兵相攻，那么，天下就不知道这事的是非曲直了。"

于是李克用强忍住怒气，写信谴责朱温。朱温回信说："前夜的变乱我实在不知道。现在组织闹事的首犯杨彦洪已经被杀，请您谅察。"

面对这个无赖，李克用只能吃哑巴亏，恨恨而去，但从此两人结下深仇。

不久，朱温遭到蔡州节度使秦宗权的进攻，形势十分危急。朱温赶忙向朱瑄和朱瑾兄弟求救。朱瑄、朱瑾兄弟联手击败了秦宗权，朱温提出要和他们结拜为同姓兄弟。在和秦宗权的作战中，朱瑄、朱瑾曾多次援助朱温，朱温为此尊朱瑄为兄长。可是当秦宗权被击败后，朱温又垂涎朱瑄、朱瑾兄弟

145

拥有的兖州和郓州的土地，但是这两兄弟对他有恩，攻击他们没有名义，怎么办呢？于是朱温想了个主意，诬陷朱瑄诱招自己军营的士兵，写信用十分恶毒的语言谴责他。朱瑄很生气，回信的口气也很不客气。这就给了朱温很好的借口。他出其不备，迅速派兵袭击了朱瑄和朱瑾，两兄弟仅仅逃脱了生命。

朱瑄和朱瑾多次遭受朱温进攻，损失惨重，只好向河东的李克用告急。李克用派指挥使李存信率一万骑兵前往援助。李克用与朱温终于兵戎相见。为了抗衡李克用，这时，朱温又适时联络了另一位军阀刘仁恭。但看到刘仁恭渐渐强大起来，而且想兼并河朔，朱温便骤然翻脸，设下伏兵击溃刘仁恭。这是一场恶战，从魏州到沧州，五百里间尸首枕藉，刘仁恭从此一蹶不振。打败刘仁恭后，朱温更加横行无忌了。他一面上书朝廷，联络朝中反对李克用的势力，一面威逼拉拢各藩镇，组成联军，步步紧逼，致使李克用"封疆日蹙"，终日"忧形于色"。朱温占有了河北、河南、山东山西的大片土地，成为实力最强大的军阀。

在一场又一场大大小小的战争中，朱温军队以其强暴和残忍令人胆寒。比如一次攻打王师范时，朱军驱赶民众十余万人，身背木头石块，牵着牛驴，到了城边，竟把人畜砍倒和木石一起垒进土山，惨叫号哭之声传出几十里外。打下城池后，又将全城百姓全部杀死。

逼退了河东的李克用，现在朱温的劲敌只剩下盘踞于陕西的李茂贞。唐昭宗末年，朝官和宦官间矛盾极大。朝官以宰相崔胤为首倚仗朱温，宦官则投靠李茂贞。这就给了朱温创造了篡夺帝位的机会。光化三年（公元900年），朝廷发生了一场由宦官刘季述主导的囚昭宗、立太子的宫廷政变。崔胤设计杀死了刘季述等人，同时秘密向朱温发信，要他带兵进京。而韩全诲等宦官听说朱温将到，指挥禁军挟持皇帝转驾凤翔。朱温进军长安，并逐步形成了对凤翔的包围。由此爆发了朱温和李茂贞之间的大战。李茂贞先是以皇帝名义发布诏书，要求各藩镇共同起兵讨伐朱温。但很快，各路勤王之师都被朱温击败。迫于形势，李茂贞亲自率军与朱温在虢县北部接战，结果大败而归，部众战死万余人。势穷力蹙的李茂贞只能退回凤翔孤城固守。朱温发兵围困凤翔半年，致使全城百姓涂炭。城中的粮食光了，冻饿而死的不可胜计，有的躺下还没有断气，身上的肉就被人割去了。市场上人肉卖到百钱一斤。天复三年（公元903年）无力再战的李茂贞杀掉韩全诲等七十多位宦官，向朱温求和。昭宗车驾出凤翔城进了朱温大营。昭宗哪里知道，他这是出了狼窝又进虎口，等待着他的是更不堪的结果。还有宰相崔胤，本以为积极沟通朱温会得到他的赏识，不料朱温掌权后，办的第一件事，即以专权乱国、离间君臣的罪名除掉他。而后，便是决定迁都。当朱温逼使昭宗君臣和长安百姓迁都洛阳时，老幼孱弱，满路号哭。

一到洛阳，昭宗就只能让朱温任意摆布，不久，朱温令心腹杀掉昭宗，换上十三岁的小皇帝，最后，又以满朝大臣的共同名义逼迫小皇帝让位。朱温终于如愿当上了后梁的皇帝。

朱温本来好色，但他的妻子张氏有智慧，朱温很敬畏她，对自己也有一定约束。在征讨朱瑄和朱瑾的战斗中，朱温得到朱瑾的妻子。朱瑾的妻子容貌美丽，朱温很喜欢，将她带回开封。张氏听说后请求见面，朱瑾妻子对着张氏下拜，张氏拉住她的手哭着说："兖州（朱瑾）、郓州（朱瑄）和朱司空（朱温）同姓，三人曾结为兄弟，但因为小事积怨，起兵相攻，让我们为妻的受如此大辱。将来要是汴州（开封）失守，我也会像你今天这样吧？"朱瑾妻子听了当场放声大哭。朱温没有办法，只好割爱让她到佛寺当了尼姑。

等到皇后死了，朱温便开始放纵自己。朱温死了老婆，却迟迟不立新后，是有原因的。那是因为他喜欢养子朱友文的妻子王氏，内心里想让友文继承皇位。这个秘密很快就被其他几个儿子探听到了。几个儿子当时都在外掌兵，于是儿媳妇们便轮流进宫侍奉公公。她们竭尽能事讨好朱温，利用枕席上珍贵的缠绵机会侦知朱温的真实思想，而后迅速报告给皇子们。恬不知耻的朱温也就乐得享受儿媳们奉献的肉体。这被后梁的臣民们认为是国之奇耻。

而这时候，一柄利刃已经在暗中窥视着朱温。次子朱友珪秘密带兵潜入皇宫，半夜砍开门闩，进入寝殿。朱温惊慌地问："是谁要造反？"友珪慢吞

吞地回答："不是别人。"朱温说："我早就怀疑你了。你难道真敢杀你的亲老子?"友珪说："老贼当斩万段!"朱温眼睁睁地看着亲儿子明晃晃的利刃穿透他的腹部,但这已经是他人生的最后一桩丑闻。

刘裕的"使贪"法

刘裕是南北朝时宋的建立者,史称宋武帝。刘裕小时家境贫寒,没有读过什么书,长大后以卖鞋为业,但又嗜赌成性,一事无成,被邻居们瞧不起。后来投军,因作战勇敢,不久就当上东晋冠军将军孙无终的司马。他参加过淝水之战,后来在军队中职务不断升迁,成为东晋最后一位军事统帅。从隆安三年(公元399年)第一次参加军事行动开始,到义熙十三年(公元417年)灭亡后秦,在不到二十年的时间里,刘裕对内平息战乱,先后镇压了孙恩、卢循的海上起义,消灭了桓玄、刘毅等军事集团;对外致力于北伐,取巴蜀、伐南燕、灭后秦,从一名普通士兵成长为卓越的军事统帅。北魏军事谋略家崔浩曾这样评论他:"奋起寒微,不阶尺土,讨灭桓玄,兴复晋室,北擒慕容超,南枭卢循,所向无前,非其才之过人,安能如是乎?"

但熟悉刘裕的人都知道,他战无不胜,却并非武艺超群、智慧盖世,而在于他能用人。不论什么时候,刘裕身边总能聚集起一批能人,他们或运筹帷幄,或驰骋沙场,或呐喊鼓噪,为刘裕铺平前进的道路。当然,刘裕的平地崛起,更有其特殊的历史背景。

东晋末年,朝政大权落入司马道子等手中,引起藩镇不满,并发展成全国内战。在混战中，占据荆楚的桓玄势力不断壮大，很快攻进京都建康，把持了朝政。

公元404年，桓玄废除晋安帝，改国号楚，自立为帝。这时刘裕进京朝见。桓玄的皇后刘氏对桓玄说："我看刘裕走路的姿势如同蛟龙出洞猛虎下山，眼神也不同凡响，恐怕终究不会屈居人下，不如及早除掉。"于是桓玄问他的司徒王谧："你看这个人怎样，能为我所用吗？"王谧早就认为刘裕会是个了不起的人物，还在刘裕官位低微，谁也瞧不上他的时候，就对他说："你可能成为一代英雄。"刘裕年轻时喜欢赌博，还因为还不起赌债，被人拴在马桩上。王谧知道后，替他还清赌债，叫人放了他。刘裕因此特别感激王谧。王谧对桓玄说："刘裕的风度骨相不同寻常，确实是个杰出人才。但现在正是用人之际，等到关中、黄河流域平定，再做处置吧！"桓玄因此没有杀刘裕，但也没有重用他。

刘裕果如刘皇后所言，很快就聚集起一千多义士在彭城起兵，并向远近发出檄文，宣称要恢复晋朝。桓玄知道后十分恐慌。有人对他说："刘裕周围只是一千多人的乌合之众，不可能成功，陛下何必担忧呢？"桓玄叹了口气说："你不知道刘裕足以称得上一代英雄。别看他人少，可都是精英，一定锐不可当。我们不妨退兵二百里，在覆船山坚守阵地，要以逸待劳，不要先急于和他们交战。"

由于桓玄的龟缩避战，使得刘裕军队得以迅速发展壮大。他不失时机地向都城建康发起进攻。

面对刘裕的凶猛攻势，桓玄只是一心想逃跑，并事先做好了准备。当他听说猛将吴甫之阵亡，驻守覆舟山阵地的桓谦军队已经溃败，立即挟持晋安帝出城退往荆州。

刘裕顺利进入建康城，派遣众将沿江追击桓玄。桓玄的司徒王谧马上投奔刘裕，并推举刘裕为使持节，都督扬、徐、兖、豫、青、冀、幽、并八州军事，实际上就是全国兵马大元帅。

桓玄在前往荆州的途中被刘毅指挥的军队追杀。晋安帝在荆州恢复了皇位。第二年刘毅护送安帝回到建康。安帝分封功臣，刘裕以军功被授予都督荆、司等十六州军事，后来又被任命为太尉，开始掌握东晋朝政大权。

但刘裕要夺取天下，还存在诸多障碍。首先是当年与刘裕同时起兵的刘毅，同样战功赫赫。刘毅时任荆州刺史。在讨伐桓玄的战斗中，刘毅是和刘裕并肩作战的重要将领。他与刘裕出身不同，比较有学问，朝廷士大夫多倾心于他。刘毅与尚书仆射谢混等朝中官员深相结交，对朝中一举一动了如指掌。任荆州刺史后，又进行一系列部署，更换一批郡守县令，调来旧日文武部属充任。这一切都对刘裕构成严重威胁。对此，刘裕采取先发制人的策略，在处死谢混等人后，亲自率军讨伐刘毅，以迅雷不及掩耳之势，消灭了刘毅这股反对势力。

刘裕作战勇敢，他最不能容忍的是部下贪生怕死。在一次征讨司马休之的战斗中，因为敌军在峭立的江岸上布阵，刘裕的军队无法上岸。刘裕遂命令建武将军胡藩率部先登。胡藩有畏敌情绪，迟迟不敢向前。刘裕命侍从把胡藩抓来，要在阵前斩首示众。吓得胡藩一下挣脱绳索，一边跑一边回头对刘裕说："我正要上阵杀敌，没有工夫听您教诲。"胡藩亲自带领敢死队用刀尖在陡峭的岸壁上挖洞，士兵们一个接一个踩着小洞往上攀登，上岸后拼死厮杀，司马休之的军队无法阻挡，四下溃散。

刘裕的个人生活十分俭朴，很少游览宴乐，从不搜罗贵重的东西。但对手下主要将领的奢侈和贪婪，他却能够容忍；不仅容忍，甚至还故意提供机会，让他们的贪心得到满足，从而更加死心塌地为他卖命。这就是他颇为得意的"使贪"之法。

刘裕手下有两位能人，一位是刘穆之，一位是王镇恶。刘穆之曾担任刘裕的记室录事参军（机要秘书），也是刘裕的智囊，对刘裕的崛起起了重要作用。刘裕将刘穆之留在京都任左仆射和监军，对内全权处理朝廷事务，对外供应北征军需。刘穆之反应敏捷，办事果断，能力超群。但他有个毛病，生活喜欢奢侈，进餐时要用一丈见方的大桌子，摆满美食佳肴，还让十多个人陪着他。他曾经这样对刘裕说："我出身贫寒，从小衣食艰难。现在跟着你，

我也时时告诫自己，要厉行节约，可是就是管不住自己的嘴巴。除此之外，应该没有什么对不起你的地方。"刘裕听了只是笑笑，对刘穆之的铺张排场从不加指责。

王镇恶可以说是刘裕帐下的一员猛将，作战英勇，但人格卑鄙，尤其是贪得无厌。经常有人向刘裕密告王镇恶贪婪的劣迹，王镇恶对此也有耳闻，害怕军纪严明的刘裕要治他的罪。但刘裕每每对王镇恶放手使用。见到王镇恶时，总是笑眯眯地鼓励他，好像什么坏话也没听到。王镇恶因此胆子更大了。公元417年，王镇恶率大军攻下后秦国都长安。后秦国库仓储，物资十分丰富，王镇恶派人明抢暗偷，将大量金银财宝和粮食、服装占为己有。

不久，刘裕也抵达长安，王镇恶赶紧到灞上迎接。刘裕一见到他，就夸奖说："完成我霸主大业的，就全靠你了。"王镇恶没想到刘裕来得这样快，心中发虚，一再叩头道歉说："这是明公的神威，各位将领的努力，我个人有什么功劳？"

这时有人举报王镇恶私藏后秦皇帝姚泓的辇车。刚听到这消息，刘裕心里一咯噔，这家伙是否想叛变？他立即派人侦察，得知王镇恶掳去御用辇车后，只是剥取车上的金银珠宝，而将辇车抛弃在宫墙外。刘裕听了脸上重又露出笑容，不再说什么，还让王镇恶担任驻守长安的安西司马（长安最高军事长官）。

刘裕自身俭朴，可是对手下官员的赏赐却大方得惊人。有一次他到洛阳巡视城堡沟壕，很满意，为了奖励负责维护工程的毛修之，不仅给他升官，还一次性赏赐他价值两千多万的衣服珠宝。因为他看中了毛修之的修建才华。他一直都想把都城从建康迁到洛阳，建设新都，当然用得上像毛修之这样的人才。

刘裕的"使贪"法，成为他用人制胜的一个法宝。不过，"使贪"法的背后，则另有一番布置。

北征军攻下长安，王镇恶的功劳最大，捞取的财物也最多，这引起另一位统兵大将沈田子强烈不满。沈田子几次向刘裕告王镇恶的黑状。刘裕意味深长地说：今天留下你们这些文武官员和一万多精锐士兵是干什么的？三国时钟会叛乱不成，因为有卫瓘在。俗话说，一只猛兽，不如一只狐狸。你们十几个人，难道还怕一个王镇恶？刘裕的话很快就有了效应。打下长安仅仅四个月，长安军中即发生火并。在一次军事会议上，沈田子声称奉刘裕的密令，在虎帐击杀王镇恶。听到王镇恶死亡，刘裕上表章称：沈田子忽然发狂，杀害功臣。沈田子因擅自杀人，被斩首。接替王镇恶任安西司马的是冠军将军毛修之。

夏王赫连勃勃听说刘裕东归，十分高兴，亲率大军进攻长安。面对强敌的进攻，刘裕命令东晋部队迅速撤出长安。在毛修之的指挥下，东晋部队在撤离之前，对长安进行了一番彻底的洗劫。部队的大批辎重车辆上装载着许多金银财宝和美女奴仆，行进速度十分缓慢，很快就被夏军赶上包围。东晋军队大败，司马毛修之也被夏军俘虏。

而在这之前，刘穆之病死，有说他的死与生活饮食不够节制有关。

血腥王朝

公元420年，东晋灭亡，中国形成南北朝的动乱局面。南朝一共经历了宋、齐、梁、陈四个王朝。刘裕是南朝宋的创立者。刘宋王朝共历五十九年，刘裕只当了三年皇帝就病死了，皇太子刘义符继承皇位也仅仅两年便被顾命大臣徐羡之、谢晦等人废黜，并遭杀害，由远在荆州的宜都王刘义隆继位。一生病恹恹的刘义隆倒是当了三十年的皇帝。然而，腐败和血腥正是由元嘉朝开始，演出中国王朝历史上极其残忍的一幕幕丑剧。

元嘉三年（公元426年），已经坐稳龙庭的宋文帝像大梦初醒，忽然开始清算王朝旧账了。他下诏书公布徐羡之、谢晦等人的弑君罪状，徐羡之自杀。镇守荆州的谢晦不甘引颈就戮，起兵反抗，兵败被执，送到建康斩首。

屠杀还在一步步酝酿和进行中。这次轮到开国老将檀道济。檀道济一直是刘宋抗击北魏的强梁。公元430年，刘宋北伐受挫，十月，北魏军队南渡黄河，接连攻克金墉、虎牢。刘宋主将到彦之兵败退守彭城。檀道济奉命前往救援，二十多天里与北魏军队作战三十多次，并多次获胜。由于后勤供给不上，宋军粮食已经吃光，军中一片恐慌。为了迷惑敌人，檀道济在夜间让士兵把沙子当粮食，用斗来量，边量边高声报出斗数，然后把少量的米覆盖在沙子上。北魏的侦察兵看见宋军夜间过斗的情形,以为宋军粮草充足,遂不敢进攻。檀道济"唱筹量沙"的计策也被载入中国古代的军事史册。由于檀道济的坚强作用,北魏不敢贸然南下,因而被南朝百姓誉为"万里长城"。要杀这样一位功勋卓著的老将,总得找到一些理由,而这理由竟是"立功前朝,威名甚重,左右腹心并经百战,诸子又有才气,朝廷疑畏之"。如此颠倒黑白、可笑至极的理由,也只有出自刘宋王朝。这位宋文帝治国克敌并没有多少本事,与北魏作战常常打败仗,但对内却杀气腾腾,动不动就要拿自家臣属开刀。刘义隆杀人的理由很多,其中最重要的一条则是因为他身体长期有病,因为有病,所以终日疑神疑鬼,认定自己一旦离世,朝廷必难控制局面。而像檀道济这样的功勋人物便成了他的假想敌,于是让人凭空捏造出阴谋叛乱的罪名,将他们从肉体上彻底消灭。檀道济被逮捕时,非常愤怒,目光灼灼,把头巾扔到地上:"想不到你们竟然自毁长城!"而北魏人听说南朝杀掉檀道济,更是欢欣若狂:"道济死,吴子辈不足复惮。"二十年后,当北魏军队大举南下并逼近长江时,刘义隆才后悔不迭地说:"檀道济若在,岂使胡马至此?"

不仅是朝中功臣,就是手足兄弟也一个个进入刘义隆的杀人名单。元嘉十七年(公元440年),刘义隆认为彭城王刘义康"嫌隙已著,将成祸乱",于是软禁了刘义康,并先后逮捕处死了一批亲近刘义康的大臣。元嘉二十二年(公元445年),北魏南侵,又给了刘义隆一个借口,杀死了刘义康。

患有严重心脏病的刘义隆几次病危复生,他因为发病而杀人不断。只是他万万没想到的是,自己最后不是安详地死在病床上,而是暴死在亲生儿子刘劭的叛乱中。

刘劭是刘义隆于元嘉六年(公元429年)册立的太子。刘义隆特别宠爱太子,刘劭要求什么,他"必从之"。由于担心宗室力量强大,刘义隆便不断增强东宫的兵力,使得东宫的警卫兵力与皇宫羽林军相等,达到一万人之众。刘劭的发难起于宫廷泄密。因为刘劭和他的异母弟弟刘浚宠信女巫严道育,听任她用巫术诅咒皇帝,被人举报。刘义隆知道后非常生气,几次派人抓捕

严道育，但都因为刘浚和刘劭的保护被她逃脱。于是刘义隆打算废黜太子刘劭，处死刘浚，并将这个打算告诉了一位宠妃。很快，消息就传到刘浚、刘劭耳中。事起突然，听到消息的刘劭于是亲率东宫卫士两千多人发动叛乱，攻入皇宫，杀死刘义隆和皇妃，同时也引发了全国动乱。

公元454年，武陵王刘骏起兵讨伐刘劭，刘劭战败，在军营门前被处死。刘骏当上了皇帝，是为孝武帝。

刘骏继承了刘义隆杀人的衣钵，先后凶残地杀死刘烁、刘义宣、刘诞各位兄弟，以致民间流传一首歌谣："遥望建康城，小江逆流萦。前见子杀父，后见弟杀兄。"

公元465年，宋孝武帝刘骏病死，十六岁的太子刘子业继位，史称前废帝。刘子业本来就是个浪荡公子，他继位不久，王太后死去，于是他更加无拘无束，为所欲为，其任性、荒唐、淫乱，一味胡作非为，可以说在中国历史上无出其右者。比如，他曾把公主和各亲王王妃召集到面前，站成一排，而后强令左右侍从当众奸污她们，他在旁看着取乐。有个王妃不愿意，不仅被重打一百鞭，还叫人杀死她的三个儿子。在华林园内，他命宫女裸体相追逐，有不从者斩首。他还把自己的叔父刘彧、刘休仁、刘休祐三人装在笼子里称量，给他们命名为猪王、杀王、贼王。刘子业特别厌恶他们，常把他们囚禁起来，自己到哪里，就把他们带到哪里，不让离开自己左右。因为刘彧身体十分肥胖，便称之为猪，他曾经用木槽盛杂食，又在地上挖个坑，命刘彧裸体伏地，像猪一样吃槽中的食物。还把刘彧的手脚绑起来，用棍子穿过，命人抬着送到厨房，玩杀猪的游戏。而他对朝中公卿大臣，更是任意凌辱毒打。朝廷上下人人自危。刘子业的倒行逆施也激起天下公愤。仅仅一年后，公元465年，宫中几位下级管理人员在忍无可忍的情况下合谋杀死了刘子业，湘东王刘彧即位，是为宋明帝。

刘彧当亲王时，性情本来宽厚温和，况且，他和两个弟弟刘休仁、刘休祐曾一同蒙难，一道受苦，刘休仁还救过他的命。但是，当上刘宋皇帝后，好像得了一种杀人的传染病，刘彧渐渐变得猜疑、残忍。首先，他命刘子业的十个兄弟自杀，以便斩草除根。但还是不放心，不久就向自己的亲兄弟开刀了。刘休祐性情刚烈，刘彧担心将来不好控制，便把他调到京师来，好找个机会除掉他。一天，他故意邀请刘休祐和他一起上山打野鸡，一路疾驰，左右侍从全被抛到后面。然后派人从树林里猛然冲出将刘休祐撞下马来，并将他打死，同时大叫："骠骑将军落马了！"等到刘休祐的侍从赶到，刘休祐已经死亡。然后按照应有的礼仪把他埋葬。

接着，他又先后向刘休若、刘休仁下手。他召刘休仁进宫朝见，当晚，就派人带着毒药命刘休仁自杀。刘休仁气得大骂："皇上得天下，是靠谁的力量？孝武皇帝（刘骏）因为诛杀兄弟，他的子孙都被杀光。今天你还要这样做，宋朝的江山还能长久吗？"但刘彧不为所动。不久，刘休若也被逼自杀。

公元473年，刘彧病死，十岁的儿子刘昱继位。让刘彧怎么也想不到的是，他杀遍了自己可能篡夺皇位的兄弟，独独放过了一个性格软弱、能力平庸、谁也不把他放在眼里的桂阳王刘休范。而刘彧死后的第二年，这位刘休范起兵造反了。刘休范的造反虽然没有成功，但成就了领兵大将萧道成。

刘宋统治集团内部兄弟猜忌、骨肉相残、血腥争斗的结果，为领兵大将萧道成最终夺取政权扫清了道路。公元479年，刘宋最后一位皇帝顺帝被迫禅位于齐王萧道成，刘宋王朝灭亡。萧道成改国号齐，是为齐高帝。

但一段血腥的历史还在继续。至萧齐王朝建立的第十五个年头开始，一把锋利的屠刀又被高高地举起。

高举屠刀的萧鸾是萧道成哥哥的儿子，从小死了父亲，由萧道成抚养成人。他聪明有才干，很受萧道成的信任和宠爱，被封为西昌侯。齐武帝死，萧鸾入朝辅政，渐渐掌握了朝廷大权。公元494年，萧鸾先后废除武帝的两个儿子，自己当了皇帝。萧鸾当上皇帝的首要动作便是将齐高帝、武帝的诸子亲王全部杀光。这一屠杀行动使全国为之震动。南齐永泰元年（公元498年），齐明帝萧鸾患病去世，太子萧宝卷即位。萧鸾在遗诏中指派萧遥光等六位大臣辅佐萧宝卷处理国家大政，时称"六贵"。为了让自己的儿孙能够坐稳江山，萧鸾在病中与萧遥光密谋，要将高帝、武帝孙辈中尚存的十个亲王再

行杀光。萧宝卷登上皇位后，因不满"六贵"专权，又把"六贵"相继诛杀。

雍州刺史萧衍、荆州长史萧颖胄借机联合起兵反对萧宝卷。早在"六贵"掌权之时，萧衍就预见到萧宝卷和"六贵"之间必然要爆发争斗，于是在雍州秘密备战。果然不出萧衍所料，"六贵"相继被杀，引发全国动乱。萧衍的军队不断取得胜利，很快就包围了皇城，守军杀死萧宝卷，向萧衍投降。公元502年，萧衍即位，国号梁。萧衍在位四十八年，成为南朝在位最久的帝王。萧衍没有再杀人。南朝血腥的历史在这里被悄悄打上一个逗号，要是没有侯景作乱，也许，安定的岁月还会更长。

英雄末路

公元五六世纪的南北朝延续了东晋十六国时期的纷乱局面,阴谋和战争无时无处不在残害着人们的肉体和心灵。而就在六世纪中叶,南朝出现了一位人物:萧衍。是他审时度势,预见到萧齐王朝的纷争和覆亡,早早地做着军事上的准备;也是他明智地终结了南部王朝前后达七十多年的宫廷血腥史。国内社会恢复了相对的平静,一些政治、经济、文化的新措施得以出台,百姓也开始安居乐业。在黑暗弥天的南朝,这是一段黄金时期,史称"梁武中兴"或"天监之治"。萧衍的文才武略,在南北朝的诸多统治者中是极少见的。他于琴棋书画、经史子集、星象占卜、骑射剑搏,无不精通。年轻时便与范云、萧琛、王融、沈约等人并列为"西邸八龙",风云名世。萧梁王朝也是中国文学艺术大繁荣的时代,由梁太子萧统编选的《文选》,收集作家一百三十位、作品五百一十四篇,是现在能看到的最早也是影响最大的文学总集。他的另一位儿子萧绎(梁元帝)则是一位出色的人物画家,他所作的《职贡图》在中国艺术史上具有重要价值。在萧衍父子的倡导诱掖之下,南朝学术和文艺之风大盛,出现了江淹、沈约、邱迟、庾信、钟嵘和刘勰等一大批长留于中国文学史上的人物。因此,无论从哪个角度上来说,萧衍都堪称一位

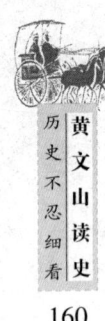

英雄。如果不是因为侯景之乱,梁武帝萧衍的名字本来可以在中国的历史上灼灼闪光。但侯景之乱还是不可避免地发生了,萧衍也因此走到了自己的英雄末路。

公元498年,齐明帝萧鸾病死,传位儿子萧宝卷,还在遗诏中任命了六位顾命大臣,时称"六贵"。时任雍州(今湖北襄阳)刺史的萧衍听到这个消息后,认为"六贵"同朝执政,势必互相倾轧,祸乱即将发生。于是他秘密加强武备,招募骁勇善战之人,并砍伐了大量木材,做造船的材料。他还派人劝诫自己的哥哥萧懿,告知国家乱象已经显露,要他早做准备。但萧懿不听。

后来事态的发展果然不出萧衍所料。为争夺权力,"六贵"之间很快就发生了内讧。执掌朝中重权的右仆射江祏、侍中江祀兄弟以谋逆罪相继被杀。接下来,轮到始安王萧遥光、右将军萧坦之和卫尉刘暄。清除了"六贵",萧宝卷更觉无所顾忌,越发放纵自己,日夜和亲信骑马嬉戏,经常在五更就寝,第二天午后才起床。群臣每月初一朝见,一直要等到午后才被允许进入朝堂。朝廷的奏章,一两个月才能得到回答,有时还不知道放到哪里去了。宦官用来包裹鱼肉回家的纸张,都是五省(吏部等五个部门)的案卷。萧宝卷天天沉浸在醉生梦死中。他下令用黄金在宫中铺地并凿成朵朵莲花,叫他的爱妃潘玉儿在金莲花上行走,称"步步生莲花"。由于动用了大量黄金,国库因之枯竭。

一天,萧宝卷骑马时对身边侍从说:"以前江祏经常禁止我骑马。这个小子如果还在,我怎能享受这样的乐趣呢?"于是问道:"江祏的亲戚还剩下谁了?"回答说:"还有一位江祥。"萧宝卷马上发出敕令,命江祥自杀。萧宝卷身边时刻跟着一大队拿仪仗御刀和传达敕命的侍从,人们称他们为"刀敕"。这些人飞扬跋扈,随时准备杀人。萧宝卷是公元五世纪的暴君中杀人最多的一个。只要猜忌一起,随之便是迅速的杀人行动。他的恐怖政策,连续激起四次兵变,其中萧遥光、陈显达、崔慧景三次反抗都被镇压下去。

此时,萧宝卷已经剑指雍州,他派出宫廷侍卫郑植前去刺杀萧衍。萧衍当然知道郑植的来意，特地置酒招待郑植。席间，他故意当着所有宾客的面对郑植说："今天的宴会可是刺客行刺的良机呀！"引得大家哈哈大笑，郑植尴尬不已。然后他又领着郑植一一参观雍州的城池、府库、兵械、舟船。郑植不禁感叹：雍州的实力太强大，真不容易对付。

等到萧宝卷杀死尚书令萧懿之后，萧衍马上集结起十万军队，联合荆州的萧颖胄，共同反对萧宝卷。大江上战船密布，鼙鼓动地。为了师出有名，萧衍在江陵立萧宝卷的弟弟萧宝融为帝。他用空白书信逼使萧颖胄就范，与自己结成攻守联盟；面对强敌，他坚持不分散兵力，始终使自己保持一支强大而锐利的军锋；他对朝廷派来征剿的陈伯之软硬兼施，打拉结合，显示了他高超的政治手腕。公元501年，萧衍战船顺流而下，直抵建康。在萧衍联军强大的攻势面前，萧齐王朝土崩瓦解，皇城守军杀死了萧宝卷，向萧衍投降。第二年，萧宝融逊位，萧衍当上皇帝，国号梁。

萧衍三十九岁即帝位，在位四十八年，活到八十六岁，是一位长寿皇帝。但萧衍晚年，由于笃信佛法，政事废弛，国家也由盛而衰。六十三岁时，他在建康城北造同泰寺，还三次舍身到同泰寺出家。他身着法衣，升法座，在寺中开无遮大会，为僧尼四部大众，开讲《涅槃经》。因为国不可一日无君，害得满朝公卿只好凑钱到寺里将皇帝菩萨赎还。

在皇帝的热心倡导下，梁全境寺庙林立，不仅是贫寒的家庭，甚至富家子弟中也有不少人出家为僧，这成为一种时尚。一时，诗歌弦诵之声，晨钟暮鼓之声，鸡鸣犬吠之声，交织如歌。萧衍陶醉于这种太平盛世之中，只是一心礼佛，而厌闻万机，政事遂被左右佞臣操窃。萧衍最宠信的近臣有三人：散骑常侍朱异、少府卿徐麟、太子右卫率陆验。他们结党营私，卖官鬻爵，侵渔百姓，时人谓之"三蠹"。到了太清元年（公元547年）时，国家纲纪严重破坏，积弊日深，表面上虽太平无事，内里已渐腐烂，终于发生了"侯景之乱"。

侯景原是东魏丞相高欢麾下的大将，拥兵十万，镇守河南。侯景为人专制、残暴、狂妄自大，但深得高欢信任。他曾经向高欢夸口道："愿得兵三

万,横行天下,渡江缚萧衍老公以为太平寺主。"高欢虽然没有答应出兵,但对侯景的霸气却十分欣赏。高欢死后,儿子高澄继丞相位。高澄和侯景从来不和,高欢病死时,高澄拟诏,要侯景入朝。侯景产生疑惧,于是据地拥兵叛变,投降了梁朝。

萧衍得到侯景投降的消息大喜,认为梁一统天下的时候到了,立即封他为大将军河南王,并派侄儿萧渊明率军北伐,以支持侯景。然而,在彭城一仗中,东魏大将慕容绍宗率军不仅击败了梁师,还俘虏了萧渊明。接着,慕容绍宗又移师西击侯景,侯景军也溃败,南奔寿阳。梁和东魏开仗,立显劣势,只是高澄不愿和梁朝长期为敌,主动提出两国恢复邦交,只要谈好条件可以让萧渊明回梁。侯景得到东魏和梁正积极进行和议的消息,也怕自己被交换回东魏,于是假造了一封来自东魏朝廷的书信,派人送到建康,要求用萧渊明换回侯景。已经老迈糊涂的萧衍居然没有看出信件的真伪,他心疼自己侄儿的处境,听从了近臣朱异和谢举的意见,回信表示可以答应这个条件。信自然落到了侯景的手中。侯景对左右说:"我早就看出萧老头薄情寡义的心肠。"于是迫不及待地从寿阳起兵反梁。

萧衍听到侯景叛变,起初并不以为然,甚至还笑着对满朝大臣们说:"这小子有什么能耐,看我折断打马的木杖揍死他!"

可是萧衍笑得太早了,他没有想到的是,由于国家承平日久,人不习战,加之训练松弛,此时的梁朝军队已经没有什么战斗力了,不仅无法和东魏军队争锋,就是面对东魏手下败将的侯景,也无法抵挡。侯景军队长驱直入,很快就占领了建康,包围梁武帝于台城。这时台城之中,死伤如积,守城军士,煮熏鼠为食,实在无法支持。八十六岁的皇帝,跟跟跄跄地走到台城的城楼上,望着昔日的繁华变成眼前的一片焦土,不禁老泪纵横。

侯景驱使官民不论身份贵贱一律在军中服劳役,在城东、城西筑起两座土山,凭借土山逼近城楼昼夜不停地攻城。五个月后,台城失守,侯景进入皇宫,纵兵大肆抢掠。侯景凶狠残暴,喜欢以杀人为戏。他甚至禁止人们交头接耳,如被举报则诛灭全族。百姓纷纷逃入山林之中,致使建康城外,白骨蔽野，千里绝烟。侯景点燃的一把战火，让梁朝四十年的太平和安定就此告终。萧衍被侯景软禁在宫中，和囚犯一样，失去自由。由于害怕侯景的暴虐，没有人敢来看望他，身体一直硬朗的萧衍因此忧愤成疾。一天他口渴想喝蜜水，但没有人理会他，他悲伤得连呼"荷荷"而死。一代英雄竟以如此不堪的形式走向自己的末路。

人为何亡

晋武帝司马炎早年或是一位胸怀豁达、性情敦厚而富有谋略的君王。他在位二十五年,除了发动一次军事行动,灭掉东吴外,基本没有遇到什么大的动乱和变故,称得上风调雨顺、国阜民丰。公元290年,司马炎重病不起,太子司马衷继位,是为晋惠帝。惠帝登基时三十二岁,已不算太年轻。可是,和他精明强干的父亲相比,司马衷简直就是个白痴皇帝。其实,司马炎早就看出司马衷生性愚钝、懦弱,但为什么不换太子呢?是缘于他对司马衷的儿子,也就是自己的长孙司马遹的喜爱。一次,皇宫失火,司马炎上楼观察火势。只有五岁的司马遹却一把拉住爷爷的衣襟,将他拉到黑暗处,说:"半夜时分,突然起火,火光那样强烈,这时候陛下不应该将自己暴露在光亮处。"司马炎对孙子的智慧大为惊讶,几次对文武百官称赞这位皇孙:很像自己的祖父司马懿。正是因为他对孙子寄予很大的期望,所以没有改换太子的意思。

然而,司马衷在整整十六年的皇帝生涯中,始终是一个傀儡,没有真正执掌过一天朝政,国家重器先后操持在一班野心家手里。"八王之乱"就此发生,一个好端端的国家,被弄得遍地烽烟、生灵涂炭、民不聊生。

祸乱恰恰是从骄奢淫逸中开始,晋武帝自己就是始作俑者。王公大臣也纷纷仿效。当时西晋皇室以及贵族生活的奢华和排场程度，令人咋舌。比如说，大臣何曾一天的伙食费要花一万钱，还嫌菜肴不好，无法下箸。而他的儿子何劭每天用度又超过了老子。比何劭更奢靡的还有任恺、王济、王恺、羊秀……但他们中无人比得过石崇。史载，石崇"财产丰积，室宇宏丽。后房百数，皆衣纨绣，珥金翠。丝竹当时之选，庖膳穷水陆之珍"。

石崇不仅屋宇宏丽，就连厕所也修得华美绝伦。经常有十多个女仆恭立侍候客人如厕。她们一律穿着锦衣绣服，打扮得艳丽夺目。客人上过厕所后，这些使女便要把客人身上穿的衣服脱下来，侍候他们换上新衣后再出去。凡上过厕所，原先的衣服就不能再穿了，以致许多宾客都不好意思在石崇府中如厕。

石崇曾和晋武帝的舅父王恺比富。王恺餐后用糖水洗锅，石崇则将蜡烛当柴烧。王恺做了四十里长的紫丝布步障，石崇便做五十里的锦步障。石崇用花椒涂屋子，王恺则用赤石脂。武帝暗中支持王恺，特地赏赐给他一株珊瑚树，高三尺多，"枝柯扶疏，世所罕比"。于是王恺特地将珊瑚树带到石崇府中，向他夸耀。不料，石崇挥起手中的铁如意，一下将珍贵的珊瑚树打得粉碎。王恺既心疼又愤怒，以为石崇嫉妒自己，于是声色俱厉。石崇却笑着说，你不要生气，我还你就是了。于是叫手下人抬出六七株高三四尺光艳夺目的珊瑚树，王恺傻了眼，什么话也说不出来了。

石崇有姬妾美艳者千余人，特别宠爱者数十人，她们的装饰打扮完全一样，乍然一看，分不出彼此。石崇便想了一个办法，让人刻玉佩、制金钗，分别挂在她们的腰间。每次有所召幸，不呼姓名，只听珮声看钗色。珮声轻的居前，钗色艳的在后，次第而进。侍女各含异香，笑语从风而出。石崇还将沉香屑撒在象牙床上，让宠姬们从床上走过。没有留下脚印的赏珍珠一百粒；若留下脚印，就叫她们节制饮食，以保持轻盈的体形。因此闺中相告说："要不是细骨轻躯，又哪里能得到百粒珍珠呢？"

那么，石崇的财富究竟是怎样得来的呢？

史载，石崇的父亲石苞临死前分配遗产，独独不给小儿子石崇。石崇的

母亲对此提出异议。石苞这样回答她："此儿虽小，后自能得。"这句话可以有许多解释，但有一点是明确的，即石崇的财富不是来自家传。

石崇自小聪明能干，但聪明能干不见得一定能致富。石崇二十岁就当上武修县令，可谓少年得志。不过那时候，他生活还很清贫。元康初年，石崇出任南中郎将、荆州刺史。后来进京为官，出任大司农（农业部长）。石崇到荆州赴任时只是轻车简从，进京时，已是骡车几十辆，满载而归。石崇显然是在荆州攫取了巨额财富。

对石崇的暴富，史书上只有寥寥十二个字："在荆州，劫远使商客，致富不赀。"原来，荆州地处水陆要道，是东西南北商旅必经之地。而身为荆州最高长官的石崇正是使用手中掌握的权力对来往客商实施了明火执仗式的抢夺。

石崇为官暴富，并非第一人，这当然和司马炎政权的腐败政治有关。司马炎晚年一味沉湎声色，荒淫无度，不理朝政。晋后宫美女将近一万人，都是他从民间强令搜罗来的。但究竟宠幸谁好呢？于是他想了一个主意，乘坐山羊拉的小车，随山羊所至，车子停在谁的门前，他就下车由谁陪宿。美女们为了争宠，纷纷把竹叶插在门前，把盐水洒在地上，引诱山羊上门。皇后杨芷的父亲杨骏和他的两个弟弟杨珧、杨济利用司马炎懈怠政务、专意女色，开始接管大权。时人称之为"三杨"。他们上下其手，内外勾结，营私舞弊，甚至强取豪夺，致使世风日下，这也给各地权贵豪强们乘机抢掠和囤积财富创造了条件。

风光一时的石崇最后死于"八王之乱"的权力斗争中。

此时的晋王朝已是危机四伏。先是晋惠帝皇后贾氏策动政变，杀死杨骏，夺取了朝廷权力。依傍贾氏的郭彰、贾谧等人也因此大红大紫，参与朝廷大政的决策。于是石崇选择投靠贾谧。为了表示恭顺，每当贾谧外出时，石崇就站在路边，望着车后扬起的尘土，当街叩拜。石崇这样谄媚作态，很被人瞧不起。

贾谧和郭彰，联手勾结，气焰熏天。赵王司马伦听从孙秀的计策，也进京走贾谧和郭彰的门子，并由此赢得皇后贾氏的信任，渐渐掌握了首都军权。

由于贾谧设计陷害太子司马遹，引起朝野的普遍不满。司马伦认为时机已到，与齐王司马冏、梁王司马肜等人发动军事政变，迅速逮捕了贾氏及其一党，同时还铲灭了不肯听招呼的淮南王司马允。

石崇有一位最心爱的宠姬叫绿珠。绿珠是广西博白县人。有一年，石崇出使交州，惊艳于绿珠的美丽，用珍珠三斛买回。司马伦的亲信孙秀曾随司马伦到石崇家做过客，深被石崇的豪华和排场震撼，尤垂涎绿珠的容颜和舞姿。司马伦执掌朝政后，孙秀便迫不及待地派人向石崇索取绿珠，被石崇当场拒绝。

孙秀于是罗织罪名，将石崇、潘岳等人归入贾氏一党，指控他们拥戴司马允，参与叛乱，并实施大逮捕。当全副武装的军队包围石崇府邸时，石崇正在楼上大宴宾客，觥筹交错、笙歌缭绕、裙裾翻飞。军官向石崇出示了逮捕令。石崇对绿珠说："我是为了你，才犯下如此大罪。"绿珠哭着说："那么，我当为你偿命。"说毕，纵身从高楼上跳下，结束了自己年轻美丽的生命。石崇又叹息说："那些奴才，还不是贪图我的财产！"逮捕他的军官说："既然知道财富是祸根，为什么不及早散掉它们？"石崇哑口无语。

石崇、潘岳、欧阳建全族被屠并没收所有财产，百姓暗暗称快。当初，潘岳的母亲总是斥责儿子："你应该知道满足，为什么搜括没有止境？"等到被捕，他泪流满面，向母亲忏悔说："我辜负了您。"可是一切都来不及了。石崇们制造的无限繁华富贵忽然就灰飞烟灭了。

西晋的乱局还在继续。在孙秀的怂恿下，司马伦夺取了帝位。孙秀执掌朝政，更加胡作非为。齐王司马冏、成都王司马颖、河间王司马颙共同起兵，孙秀、司马伦伏诛。

自公元291年至309年，"八王之乱"持续了十八年。西晋王朝已如朽木腐土堆垒的高塔，危危待倾。

实际上，从绿珠坠楼的那一刻起，就已经宣告了西晋的灭亡。

让人送命的"冷茶"

公元前575年，晋楚两国军队在河南鄢陵爆发了激战。楚分左右中三军，在经过申地的时候，执掌中军的总司令芈侧去拜会已经退休在家的楚庄王时的老臣申叔时，问他："这次出兵会怎么样？"申叔时回答说："决定战争胜负的是德行、道义，可是现在，楚国在内丢弃人民，在外摒绝友好，凭什么能打胜仗呢？我恐怕再看不到将军你了。"芈侧听了怏怏不乐。

战争的第一天，楚军失利，楚共王芈审被晋国将军吕锜一箭射中，失去一只眼睛；一个儿子还被晋军俘虏。虽说楚国的神箭手养由基当即还以颜色，射杀吕锜，并以精确的射击阻挡住晋军的攻势，但楚军还是纷纷败退。

当晚楚王得到情报：明天拂晓，晋军将发动总攻，于是急忙派人请总司令芈侧来商议对策。没想到，芈侧竟喝得酩酊大醉，怎么也唤不醒。芈审叹了口气："军情如此紧急，而总司令却醉成这样，还怎么打仗呢？"只好叫人把人事不省的芈侧绑在车上，全军连夜撤退。行到中途，芈侧酒醒，问明军队撤退的原因，不禁惭愧至极，拔剑自刎。

芈侧好酒，而酒量又不大，所以，楚王一再告诫他不能贪杯，鄢陵大战前还专门下了戒酒令。初战失利，芈侧心情十分恶劣，想起拜会申叔时时他说过的一番话，更是烦忧难解。他在营帐中徘徊到深夜，不断思考破敌的对策。这时，他的侍从谷阳为了让他排遣苦恼，便将自己私藏的一壶好酒拿出来，斟了一杯递给他。芈侧尝了一口，惊愕地问："好像是酒吧？"谷阳却说："不，只是冷茶而已。"芈侧会意地一饮而尽，又问："冷茶还有吗？快拿来。"等到芈审派人来请他，一壶"冷茶"已全部下肚，芈侧也就烂醉如泥了。

没有任何资料说到谷阳的献酒是一种阴谋。也许，谷阳确实是想表达对主人的关爱之情。他很可能不会想到，他献上的美酒会给主人带来杀身之祸。而耐人寻味的是，芈侧至死也不曾因此觉悟。但又岂止是芈侧，否则，千百年来，"冷茶"的故事便不会一演再演。

如果说谷阳是在无意之中害了主人芈侧，那么齐桓公小白则是眼睁睁地看着自己的生命断送在最宠信的两位臣子手中，相信那种觉醒的痛苦远远超过遭受敌人的杀戮。

应该说，在春秋时期，齐桓公是一位具有雄才大略的君主。他任用管仲治理齐国，保持了政治经济的稳定和军事的强大，从而奠定了齐国的霸业，也使得自己成为春秋五霸之首。但桓公晚年却因为亲近宠臣、喜欢女色，造成国内混乱的局面，他费尽心力创建的霸业也在这一片纷争中付诸东流。

齐桓公的这两位宠臣，一位叫竖刁，一位叫易牙，两人为了向国君邀宠都曾有过惊人的表演。竖刁本来不是宦官，但为了能贴身伺候桓公而自愿接受宫刑。易牙是皇宫里的一位厨师，有一天，他听齐桓公说："什么肉都吃过了，只是没尝过人肉是什么味道。"居然回家将自己三岁的孩子杀掉，蒸熟了献给齐桓公。他们就这样博得了齐桓公的信任。

按说他们对国君的忠贞是不容置疑的，齐桓公也因此特别宠信他们，简直到了无以复加的地步。竖刁和易牙在宫中树立党羽，发号施令，作威作福。宰相管仲生前曾多次提醒齐桓公要警惕身边的小人，他特别指出，如果有人对自己的身体、对自己的亲生骨肉都忍心残害，那么他对谁下不了狠心？但桓公对管仲的忠告始终不以为然。

公元前643年，齐桓公病重，竖刁和易牙对自己的处境深感不安。因为

太子曾表露过对他们的不满，两人秘密商议后决定杀掉太子，同时拥立另一位王子登基，从而保住自己的地位和权力。但桓公一天不死，他们就无法实施阴谋。于是他们竟然做出这样一个决定：除他们俩外，禁止任何人出入寝宫，接着又在寝宫四周筑起围墙，隔绝内外。英雄盖世的齐桓公就这样被活活饿死在病床上。

"冷茶"的故事不时地在发生着，不免让人慨叹。不过更让人慨叹的是，谷阳乃至竖刁、易牙之流总是那样容易被信任和重用，而像芈侧、齐桓公的生死教训则又是那样容易被人们淡忘。

崔杼与庆封

春秋无义战。其实，不仅仅诸侯国之间的战争无正义可言，诸侯国内更是充斥着阴谋、肮脏和血腥。那个时候，国君不用任何理由就可以把大臣杀掉，而权臣们也可以找到种种借口把国君废除、放逐甚至处死。

齐国大夫崔杼和庆封原是一对好朋友，齐庄公便是他们二人共同拥立的。庄公的车驾进宫时，前国君齐灵公正躺在病榻上哼哼，尚未咽气呢。庄公即位后，以崔杼为相国，而将军队交给庆封带领。二人共同掌握了齐国的大权。

崔杼的妻子死后他又娶了家臣东郭偃的妹妹棠姜为继室。那时的国君常常到大臣家游玩、喝酒。齐庄公到崔杼家里，崔杼让棠姜奉酒，那棠姜很有姿色，弄得齐庄公神魂颠倒。他派人送重金给崔杼的家臣东郭偃，让他开后门，乘崔杼不在家时多次前往崔家私会。时间一长，被崔杼觉察到了。崔杼盘问棠姜，棠姜哭着说："他是国君，我一个女人怎敢违抗他？"崔杼黯然无语，但心里已种下了杀机。

崔杼于是找庆封商量，二人密谋寻机会除掉齐庄公。崔杼还收买了齐庄公的贴身侍卫贾竖，从此，庄公的一言一行，崔杼都了如指掌。

时机到了。一次，庄公设宴招待外宾，崔杼谎称受了风寒不能出席，同

时派人向贾竖了解庄公动向。贾竖告诉说，只待席散，庄公便会来相府问病。崔杼冷笑说，他哪里是来问病，是乘机要行无耻之事罢了。于是秘密布置甲士百人埋伏在门外。

齐庄公果然来了，到相府后打听到崔杼刚服药睡下，十分高兴，一路直奔内宅。而这时崔杼已令家人将内外门统统关闭。庄公由是被杀。恃勇好色的齐庄公只做了五年国君便命归黄泉。

崔杼和庆封商议立灵公之子杵臼为新君，是为景公。崔杼自立为右相，立庆封为左相。春秋时期，玩弄政治的权臣大有人在，但如此肆无忌惮地将整个国家玩弄于股掌之上的大约只有崔杼和庆封。

此时崔杼独秉朝政，遇事并不与庆封商量，两人间渐渐产生了矛盾。恰在这时，崔杼前妻的两个儿子因不堪排挤，来找庆封求助。庆封秘密送给他们武器，帮助他们将东郭偃和棠姜的儿子棠无咎杀死。崔杼见家中发生内乱，赶紧跑到庆封家躲避。而庆封则借机派卢蒲嫳率家兵前往讨伐，灭了崔杼全家，并将崔家财物全部掠走。棠姜也悬梁自尽。等到崔杼回家，看到家破人亡的惨相，知道被庆封暗算了，一气之下也自缢而死。

庆封取代崔杼当上相国后，越来越骄横自大。一天，他应邀到卢蒲嫳家喝酒，被卢蒲嫳年轻貌美的妻子吸引，于是中了邪似的住下不走了，而将朝政全部交给儿子庆舍处理。更荒唐的是，庆封居然还将自己的老婆、小妾和一应家财，也通通搬到卢蒲嫳家来，两家合住一处，每日饮酒欢谑。庆封和卢蒲嫳的妻子同宿，同时也叫卢蒲嫳与自己的妻妾相通。手下的人对相国"换妻"这样的丑事议论纷纷，但庆封和卢蒲嫳不以为然。

卢蒲嫳又向庆封请求，让他的哥哥卢蒲癸从鲁国回来，庆封答应了。卢蒲癸有武功，而且很会说话，很得庆舍的信任，于是庆舍让他担任自己的贴身侍卫，还将女儿庆姜嫁给卢蒲癸。

我们且来看他们的年龄：庆封大约五十五岁，庆舍三十六岁，庆姜十七岁，卢蒲癸二十八岁，卢蒲嫳二十六岁，但却彼此纠缠出一团十分混乱的男女关系。

齐庄公为人好勇喜胜，他的卫队分为"龙爵""虎爵"两班，都必须是力举千斤、射穿七孔的勇士，但待遇很高。卢蒲癸原是齐庄公的"龙爵"卫士。庄公被杀时，效忠庄公的近臣亲兵们纷纷自尽，另一位"龙爵"卫士王何也约卢蒲癸一同赴难。卢蒲癸说，不如先逃跑，以后再寻找机会为庄公报仇。他还和王何对天立下誓言。卢蒲癸在出逃前又特地交代弟弟卢蒲嫳，一定要想方设法接近崔杼和庆封，并取得他们的信任。现在兄弟二人都成了庆氏父子的红人，虽然彼此的身份有些尴尬。

不久，卢蒲癸把王何也叫回国，两人密谋采取下一步行动。

齐国大夫高虿和栾灶痛恨庆氏专横，一心想除掉庆氏。于是王何找上他们，商议乘齐景公祭祀之机举事。经过周密准备，在祭祀正在进行的时候，栾、高、陈、鲍四族家兵已秘密包围了太庙。卢蒲癸亲自率领家兵们蜂拥冲入太庙，经过一番激战，将庆舍和他的党羽全部杀死。庆封打猎刚刚回来，听到这个坏消息，如晴天霹雳，赶忙出逃，最后逃到了吴国。

由于庆封的家财都放在卢蒲嫳家，而且，两家互相淫乱，名声太坏，因此，朝中大夫们商议，将卢蒲嫳流放北燕。卢蒲癸虽有大功，但却是庆舍的女婿，自然有功难赏。卢蒲癸认为卢蒲嫳是因为自己而被流放的，因此决定陪伴弟弟同行。两家的财产则全部被充公。

庆封绝对想不到，发生的这一切竟然都是卢蒲癸精心导演的。而卢蒲癸为了实践当初的诺言，不惜牺牲自己和弟弟的名誉以及两家人的生命财产。

春秋无义战，然而春秋有义士。

以桃为剑

崔杼和庆封相继败亡后，栾灶的儿子栾施与高虿共同执政。栾、高两家都是齐国的大族，而且在驱逐庆封上是立了大功的。但当年出兵围攻太庙诛杀庆舍及其党羽的还有陈、鲍两家。陈、鲍不满栾、高两家专政，双方矛盾日益尖锐，终于酿成了刀兵相见，而且，这四大家族一开打，就打到了宫门前。这是因为交兵双方都怕对方抢先一步挟持齐景公，占据上风。景公见四族扬兵宫前，吓得六神无主，赶紧派人召晏婴入宫。

这时四族都想争取晏婴的支持，他们让开大道，让晏婴的车子通过。但晏婴端坐车上，谁也不理睬，其实心里早有了主意。见了景公，晏婴晓以利害，让景公下决心借陈、鲍之力将栾、高两家尽快赶下台。景公这一重磅砝码的加入果然使天平发生了倾斜，栾、高兵败，狼狈逃离齐国。

栾、高被逐后，其貌不扬但一肚子智慧的晏婴登上齐国相位。这时的晏婴已经五十多岁了，他以智慧获得景公的信任。当时齐国的刑罚很重，百姓犯事动不动就被斩首断足。一天，晏婴特地请景公到他家做客。景公看到晏婴住在市场旁边，不仅嘈杂，而且房舍低湿狭小，就提出要给他换房子。晏婴却说，我喜欢住在市场旁边，因为生活很方便。景公笑着问他，你靠近市场,知道什么东西贵,什么东西便宜吗?晏婴回答说,当然知道,鞋子便宜,假腿贵。景公愣了片刻,不再说话。第二天,就让有司减轻了刑罚。

齐景公年少而有壮志,渴望成就霸业,因此不断以重金网罗勇悍之士,用于冲锋陷阵、攻城拔寨。田开疆、古冶子和公孙捷三人就这样先后来到景公身旁。他们自号"齐邦三杰",挟功恃勇,口出狂言,飞扬跋扈,全然不把公卿大夫放在眼里。而"三杰"在乡间则横行霸道、为非作歹,被老百姓称为"三恶"。可是因为景公的缘故,朝堂上大家都忍气吞声。

晏婴深感忧虑,他不愿意今日的景公又变成昔日一意尚武的庄公,更不愿正在渐渐强盛的齐国再遭浩劫。他看不惯"三杰"的霸蛮行径,一心想杀杀"三杰"骄横气焰,却始终找不到合适的机会。

一天,鲁昭公来齐国访问,齐景公设宴招待。齐国方面晏婴作陪,鲁国则是叔孙相国作陪。而"三杰"带剑,全副戎装站在阶下,昂首挺立、目中无人。景公显然是有意想让客人看看"齐邦三杰"的威容。鲁昭公则是越看越害怕,连端酒杯的手都在颤抖,他不知道齐景公把这三只老虎般的壮汉放在自己面前是想干什么。晏婴在一边看着也觉得很不是味道,思索着要用什么办法来调节一下宴席上的气氛。

酒至半酣,晏婴计上心来,上前奏道:"园中金桃已经成熟,我带人去摘来为两位国君祝寿。"

齐景公正喝得高兴,对鲁昭公夸耀说:"这桃子名叫万寿金桃,是从海外移栽的,已经种了三十几年了,枝叶虽然茂盛,但每年结不了几个果子。今天您来,正好共享。"

一会儿,晏婴带着人端上果盘,盘子上盛着六颗红扑扑、水淋淋的大桃子,顿时香气扑鼻,诱得人直流口水。景公看了看盘子问:"树上只有这几颗吗?"晏婴对景公说:"因为还有几颗没有熟,今天便只摘得这六颗。"

景公让晏婴行酒,晏婴手捧玉爵,致辞说:"桃大如斗,天下罕有;两君食之,千秋同寿。"说毕,侍者跪着向两位国君呈上盘子,景公和昭公于是各取一颗吃了。

景公说:"这桃子可不是容易得到的,叔孙相国贤名四扬,应该吃一颗。"叔孙连忙道谢,说:"我的贤名哪里比得上晏婴相国,应该晏相国先吃才对。"景公说:"既然叔孙相国相让,那好吧,你们两人各赐酒一杯、金桃一颗。"

晏婴看了站立阶下的"三杰"一眼,又奏说:"盘中还有两颗桃子,主公可以传令臣下,让他们自报功劳,将桃子赏给确有大功的人。"景公说:"这办法好!"

公孙捷首先出列,说:"我曾经陪主公打猎,遇到猛虎袭击,是我奋力打死老虎,这功劳大吗?"晏婴说:"打虎护驾,确有大功,可以吃一颗桃子。"

古冶子按捺不住,走上来说:"打虎算什么,我曾经在黄河力斩巨鼋,保证了国君乘坐的船只的安全,功劳不大吗?"景公说:"有功劳,有功劳!"晏婴连忙进酒递桃。

这时只见田开疆撩开身上的大氅,说:"我曾经奉命讨伐徐国,斩其名将,俘虏五百多人,徐国、莒国、郯国因为害怕,奉国君为盟主。这样的功劳,难道还不能吃桃吗?"晏婴故作惊讶地说:"这样的大功当然要超过前面的两位将军,可惜桃子已经分完了,是不是明年再补给你?"

田开疆拔剑大叫一声:"我这样大的功劳居然不能吃桃,在两国国君面前受羞辱,还有什么脸面站在朝堂上呢?"说着将剑往脖子上一横,轰然倒地。公孙捷也拔出剑来,说:"我的功劳不如田君,反倒先得到桃子,实在是太惭愧了!"说毕仗剑自刎。古冶子见状大叫一声:"我们三人誓同生死,现在他们二人已走,我岂能独活?"也自刎身死。

这般壮烈的场景,不仅是两国国君,就连晏婴自己也看得目瞪口呆。也许,他的原意只是想利用两只桃子轻轻松松地挫掉"三杰"的威风,却没想到,"三杰"竟这样刚烈、义气。晏婴辅佐齐灵公、庄公、景公三代君王,使不断衰弱的齐国再度称雄于列国,是春秋末期最有成就的政治家之一。不过以桃为剑杀掉三位壮士,也让晏婴背上了永远洗刷不掉的千古骂名。

闽国春秋(上)

闽越之地自来多事。这里冈峦起伏、河流纵横、森林密布、道路难行，西边是连绵千里的武夷山脉，东面则是浩渺无垠的大海。因为与中原长期隔绝，在唐以前的典籍中虽有记载，但总是语焉不详。《山海经》说："闽在海中。"秦末，闽越人首领驺无诸率部众参加了反秦的起义，后来又因佐汉击楚有功而被封为闽越王，建都于东冶（今福建福州），时为公元前202年。

实际上，驺无诸及其部族也不是地道的土著，他们是春秋时越王勾践的后裔。越国灭亡后，勾践家族的一支，翻越仙霞岭，进入闽地，直到海边的东冶，成了闽地的实际统治者。

汉武帝建元六年（公元前145年），闽越国国王驺郢因边界纠纷出兵进攻毗邻的南越国（建都番禺，今广州），南越国王赵胡遵守汉朝天子的约定，不敢擅自派兵反击，只是派遣使者上书驰报汉武帝。汉武帝为显示天子威严，下令出动大军南下援助南越。汉武帝调动了两支军队，一支由大行令（主管少数民族事务的长官）王恢率领从豫章郡（今江西南昌）出发，另一支由大农令（农业部长）韩安国率领从会稽郡（今浙江绍兴）出发。两支军队从北、西两面同时向闽越国发起进攻。

听说汉军南下的消息，闽越国国王驺郢派兵据守仙霞岭，准备抗击汉军。驺郢的弟弟余善一向对汉持抗拒的态度，但却反对对南越国使用武力，他对驺郢狂暴和荒悖的举动尤其不满，这时认为机会到了，秘密召集丞相和王族要人商议，决定杀掉驺郢，向汉天子认错，以保全国家。大家都认为这个主意好。于是余善乘驺郢不备，用藏在衣袍中的短矛刺杀了驺郢，并派使者将人头送给了大行令王恢。

王恢高兴地说："我奉命前来讨伐闽越，目的就是要诛杀叛贼驺郢的，现在他的人头已经送来了，而且还不费我们一兵一卒，真是太好了！"于是停止进军，将这一消息通知了大农令韩安国。同时又派专使飞驰长安，将闽越王驺郢的人头呈献给汉武帝。汉武帝立即下诏撤回这两支远征军。考虑到闽越政权的稳定，于是又册封驺无诸的孙子驺丑为越繇王，继承闽越王位。

然而余善自刺杀驺郢之后，威名大振，他瞧不起懦弱无能的越繇王，一心想让闽越自强自立，最终脱离汉朝统治。闽越贤能之士纷纷聚拢在余善的身旁，朝野上下要余善当闽越王的呼声也越来越高。此时老迈昏庸的越繇王驺丑根本控制不住闽越国的局面。汉武帝接到越繇王的紧急奏报后，左思右量，觉得为了一个余善再兴师动众不值得，就想了个自以为两全其美的办法，再册封余善为东越王，让两王同城居住，互相牵制，共同管理闽越国。

此后二十五年间，闽越一直是两王并立的局面。两座王宫，相距不到五里。越繇王虽身居王城，但他的号令始终达不到百里之远。而王城之外，余善的势力却越来越大，他已成为闽越实际的统治者。他巡视八闽，每到一地必登高筑台。及至闽越国灭亡后，高耸的越王台依然在描绘着一个个不甘屈服的身影。余善还大力兴修道路、发展生产、训练军队，使国力大大增强。倘不是他藐视汉天子的威仪，而且还低估了汉军的作战能力，作出一些让今人觉得是近乎玩火的草率举动，也许闽越的历史还会重写。

其实，汉武帝对远在边陲的两越之地始终耿耿于怀，在他心中，这两越就好比是伸出被卧之外怎么也捂不暖的两只脚，好歹要它们老实归位。但因北方与匈奴的战事正紧，一时腾不出力量，所以只能多用怀柔政策。直到汉军在卫青、霍去病率领下直捣单于王庭，彻底击败了匈奴，北方边境暂时安宁，汉武帝才决心下手解决两越的割据势力。机会终于等来了。公元前113年，汉武帝利用南越王赵兴年少即位，国内政局不稳的时机，强迫南越国取消独立，撤除边界上的所有关卡，改行汉朝法律，一切比照内地诸侯王规制。南越国丞相吕嘉因不满汉统治而发动政变，率兵攻杀了一心想归附汉朝的赵兴和他的母亲王太后。汉武帝迅速作出反应，出动五路大军南下，分进合击，很快就包围了番禺城。经过一番激战，汉军攻破城池，吕嘉逃往大海，途中被汉军擒获。

吕嘉发动政变之初，东越王余善曾向汉武帝上书，自愿请求派八千精兵随楼船将军杨仆攻打吕嘉。闽越军队也确实到达了广东揭阳，但不知为什么却停止了继续前进，以致汉军攻破了番禺城，余善的军队却还没有到达。这简直就是对汉天子权威的一种藐视，汉武帝不禁勃然大怒。军旅不前，余善自辩是因为海上风浪太大，理由自然不能成立。而中间他还派使者到南越观望消息，这大概可以看出他首鼠两端的心理。或许，出兵更是余善为保全自己国土的一个借口，因为那样，便可避免汉军假道灭虢的故事重演。实际上，在剿灭南越之后，杨仆就曾上书汉武帝，请允许他乘胜进军闽越。只是汉武帝考虑士兵南下远征多日，已经十分疲劳，没有批准。但又下令各路军队集中到大庾岭休整待命。当余善听说了杨仆上书的内容，又发现大批汉军在边境集结，这些都验证了当初自己的判断，于是决心反叛。余善对汉王朝一直怀有戒心，这从他在闽北要道上先后建造七座军事坚城，便可看出他拒汉的意图。

不过，让后人难以理解的是，面对强大的汉王朝，弱小的闽越竟采取了以攻为守的方略。余善先发兵切断汉朝通往东南的通道，又封大将驺力为"吞汉将军"，向江西方向发起突然进攻，一连杀死汉军的三个校尉。余善为这一连串小小的胜利而陶醉，随即自称武帝。余善的挑衅大大刺激了汉武帝，装备精良的汉军大举扑向闽越。陆路，楼船将军杨仆从武林（今浙江杭州）、中尉王温舒从梅岭（今广东梅州）出兵，由北面和西面发起进攻；海路，横

海将军韩说从句章（今浙江宁波）率军乘海船出发，兵锋直指闽越王城东冶。

在汉军摧枯拉朽的攻势下，闽越军队土崩瓦解。七座坚城根本挡不住滚滚而来的虎狼之师，相继失陷。余善狼狈逃回东冶，在一次军事会议上，被越繇王驺居股和建成侯驺敖合谋杀害。

驺余善，一个敢于向汉武帝叫板的闽国人。二十五年的隐忍不发，二十五年的韬光养晦，二十五年的厉兵秣马，就为了这一天，为了这一天的振臂一呼，为了这一天的扬眉吐气，为了这一天的挺直腰杆。不管历史怎么评说，驺余善终是一个为了闽越族的自由和独立，将热血洒在八闽大地上的英勇斗士。

余善一死，闽越国举国投降了。但闽越的投降难以平息汉武帝心中的那口恶气。盛怒之下，汉武帝下令将闽越国军民强制迁往江淮一带。闽越的历史因此空白了八十六年。但闽地并没有因这场劫难而成为一片荒芜，当时就有不少人逃到深山老林隐蔽起来。到东汉末年，由于中原战乱频仍，而闽地相对平静，人口不断增长，除东冶外，又相继出现了如侯官（今福建闽侯）、建安（今福建建瓯）、建平（今福建建阳）、南平等重要城镇。

公元196年，孙策南下渡江略地，会稽太守王朗举兵与孙策作战，兵败，浮海至东冶。侯官长商升为王朗起兵。孙策派大将韩晏、贺齐进军讨伐，贺齐攻破冶城，斩杀颇众。闽地新的一页历史又是在腥风血雨中起篇。此后，孙权先后四次发兵入闽，经过数十年的战争，闽地渐渐被吴国征服，成为吴国巩固的后方。

闽地稳定后，鼓励北方百姓从会稽随吴军南下。两晋时代，人口南迁更多。《九国志》记载："永嘉二年（公元308年），中州板荡，衣冠始入闽者八族：林、黄、陈、郑、詹、邱、何、胡也。"历史上称"衣冠南渡"。

唐末各地农民起义爆发，群雄并起。寿州人王绪也聚众万人，自称将军，不久，攻占了光州。光州人王潮、王审知兄弟投奔王绪，受到重用。王潮被任命为军正，负责管理经费、粮食和训练士兵的工作。由于受到军阀秦宗权的欺压，王绪无法在光州立足，带着军队和随军家属数万人一路辗转来到福建。王绪为人心胸狭窄、性情多疑、刻薄不仁且滥杀无辜，一路杀戮不止，弄得部队人人自危。行至南安时，前锋将士们忍无可忍，寻机伏击了王绪。大家公推王潮为军队统帅。王潮再三推让，被士兵捆绑在一旁的王绪看到这情形叹息道："这小子在我掌心的时候没有将他杀掉，难道不是天意吗？"王潮率军先后攻占了泉州和福州，唐朝廷任命王潮为福建观察史。不久，唐以福州为威武军，拜王潮为节度使。四年后王潮病死，王审知代立。唐亡，梁太祖加拜审知中书令封闽王。一个外来的王氏王朝就此建立。

闽国春秋（下）

得益于兄长王潮，更得益于中原战事未定，王审知做了近三十年的太平国王。

应该说王审知在位期间，还是比较勤勉和节俭的。他采取"保境息民"的政策，宽刑薄赋，注重发展生产，所以，在他执政时期闽地出现了"时和年丰，家给人足"的景象。他为人谦和，礼贤下士，为了巩固政权，大量延揽唐流亡人才为其辅佐。如以翁承赞为相，徐寅掌书记，陈峤为大从事，黄滔任节度使等，于是中原人士相率来附，在当时便有十八姓从王之说。翁承赞是福清人，在唐昭宗时曾作为朝廷使节奉命来福州册封王审知为琅琊王，得到王审知的赏识。唐亡后，翁承赞寻机归附王审知，被拜为相。莆田人徐寅当了秘书长（掌书记），黄滔为节度使。

为了安置这大批士族，并提供生活方便，王审知于公元901年营建了罗城，城内专门规划了"三坊七巷"，作为官员和士族的高级住宅区。王审知采用翁承赞的建议，开设四门学，使教育事业越出门阀子弟而推广到民间。他还开辟海港，招徕海外商贾，以通有无。这些都使偏处海隅的闽地文化教育和经济得到较快的发展。但王审知笃信佛教，不惜耗费大量财力，在境内增建佛寺多达二百六十七座；晚年则更沉迷于佛事活动，对国事、家事都毫无兴趣。朝中一些善于钻营的大臣已经将目光盯牢在王子们身上。而他的几个儿子却各行其是，结党营私，互相敌视，王审知对此却几不闻问。这位以性情宽厚著称的闽王绝没有想到，在他身后，他的子孙会斗得你死我活，只用了不到二十四年便将闽国江山生生埋葬。

王审知死后，大儿子王延翰继位，称留后。第二年（公元926年）3月，朝廷正式任命他为威武军节度使，5月又加封他为同平章事。但王延翰并不满足，10月自称大闽国王，修建宫殿、广选民女充实后宫，一下露出骄淫的本色，闽国大乱之象昭显。这时，他的弟弟延钧做泉州刺史，而王审知的养子延禀为建州刺史。延翰对自家兄弟一向很不友好，上台后更是颐指气使，要他们提供美女、财物。这就给延禀和延钧提供了起兵的根据。当年12月，延禀和延钧合兵袭击福州。延禀亲率精兵百人，直入王宫，捉住延翰和王后崔氏，制造了一个夫妻俩合谋杀害王审知的罪名，将他们押往紫宸门外斩首。王延翰仅仅当了两个月的闽王便命丧黄泉。

王延钧顺理成章当上威武军留后。翌年春正月，王延禀回建州，王延钧为他送行。分手时，延禀留下一句话："好好守护先人的基业，可不要劳烦我再来。"延钧虽然诺诺致谢，但脸色却变了。两人从此种下了仇恨的祸根。

第二年，王延钧正式当上了闽王。这位闽王登基后似乎忘记了义兄延禀的劝诫，根本不理朝政，对佛事却比他父亲还上劲，竟一口气引度百姓两万人当和尚。

四年之后，王延禀果然又率兵前来。但这次，他上了延钧手下大将王仁达假投降的当，兵败被俘。延钧见到他时不禁得意扬扬地对他说："大哥，对不起了，果然劳烦你又来了一趟。"

闽王延钧下令在街市上斩了王延禀。延禀的两个儿子逃往吴越避难，延钧让他的弟弟延政当建州刺史。

王延钧不仅大兴佛事，还喜好神仙之术和鬼神之说，于是道士、巫者纷纷登门求见，道士陈守元对他说，如果他接受道术，可以当六十年天子。王延钧听了非常高兴，特地为自己取了个道名"玄锡"。

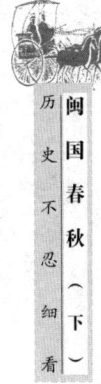

忘乎所以的王延钧居然向朝廷上表说，要求当吴越王和尚书令，没有得到答复，他便宣布自己当大闽国皇帝，并改名为璘。王璘以为有巫术庇佑，他的江山便可以万年永固，于是极尽奢侈暴虐，大修皇家宫殿，搜括民间财产，还任意杀死了许多无辜的朝臣，国中人人自危，百姓更是怨声载道。而他万万没有想到的是，迫不及待朝他下手的竟是自己的儿子继鹏，王继鹏指使京都卫戍司令派兵杀死了父亲。王延钧实际上只当了八年闽主。

王继鹏随即登基，并改名为昶。继鹏与他父亲一样对道士陈守元百般信任，赐号"天师"，国中大小事均和他商议。陈守仁因此门庭若市。听信陈守元的话，王继鹏竟然在宫中建起三清殿，用数千斤黄铜铸宝皇大帝，整日焚香祈祷。王继鹏犯了与他父亲一样的错误，即以为靠了巫术就可以为所欲为。这位闽王有个坏嗜好，喜欢长夜痛饮，还强迫群臣陪酒，醉了就让左右寻找别人的过错，稍不满意就杀掉。他的两位叔叔王延武和王延望有才气，巫人林兴假托鬼神的话诬陷二人谋反，闽王问也不问，就派人杀了他们全家。另一位叔叔王延羲吓得装疯来躲避灾祸。三年后，皇家禁卫军两位将军朱文进和连重遇率兵造反，拥立王延羲为新闽王。新闽王下的第一道命令，就是派人追杀了王继鹏。

王延羲也不是什么好东西。他平白得了个王位，不知好好珍惜，而是开始利用权力报复过去的仇怨。他弟弟建州刺史王延政多次写信劝谏他。王延羲勃然大怒，回信辱骂延政，还派亲信到建州监视他。兄弟间终于爆发了激战。这场旷日持久的战争消耗了双方大量的军力和财力。建州和福州五百里间都成了战场，到处是遗弃的刀剑弓矢，战死者的尸骨更是散落如同密草一样。经过上百场血战，双方互有胜负，谁也消灭不了谁。

三年后，王延政在建州称帝，国号大殷，彻底与王延羲的闽国决裂。殷说是一个国家，其实就只有一个州五个县。有次王延政宴请宾客，席间唱戏，伶人借机开玩笑唱道："只闻有泗州和尚，不见有五县天子。"但国狭人稀的殷，依然将与闽的战争摆在国事的第一位。沉重的税负压得老百姓喘不过气来。殷的吏部尚书潘承佑上书力陈停止兄弟之间的战伐，减轻百姓的税负。王延政大怒，削除潘承佑的官职，勒令其回家。

因为战争，闽国的状况也好不了多少。资用供应不上，王延羲和国计使陈匡范商议，增加商人数倍捐税。陈匡范死后，黄绍颇继任国计使，他想出的是卖官的主意，以州县人口多少来制定官位的价钱。王延羲的女儿出嫁时，他将送贺仪的名簿调来查阅，发现朝中有十二位大臣没去道贺，立即在朝堂上杖打他们，直到他们交出钱来。泉州刺史余廷英犯了事，王延羲要将他交官查办。余廷英赶紧献出买宴钱一万缗，王延羲高兴地收下了，又问："宴是可以买了，但皇后的礼物在哪里？"余廷英又献出许多财宝，回到泉州继续当官。王延羲娶了金吾使尚保殷的女儿为妃子。王延羲非常宠爱这位妃子，对她言听计从，她想杀谁就杀谁。

王延羲登基后的倒行逆施，引起朝臣的极度惊慌和恐惧。曾经拥戴他登上皇位的近卫军将领朱文进和连重遇更感到深深的不安，他们派部将钱达杀了王延羲，朱文进自己当了闽王。他向后晋自称藩属，并杀掉王氏宗族五十多人。于是，王延政再度起兵，进攻福州。朱文进的部属林仁翰杀死连重遇和朱文进，迎接殷军入城。在得到福州后王延政恢复国名为闽。这时，南唐军队借闽国内乱之机兴兵讨伐，王延政派侄子王继昌镇守福州，自己亲率大军到建州抗击南唐军队。两军正在闽北隔崇溪对峙，而福州却又发生了兵变。兵变首领李仁达杀死了王继昌，并立雪峰寺和尚卓岩明为皇帝，不久，又教军士刺杀了卓岩明。李仁达呈奉表章向南唐称藩，被任命为威武节度使。失去福州大片土地，建州益显孤单。于是南唐军队大举进攻建州。建州很快被攻克，王延政投降，闽国灭亡。王审知用了三十年时间苦心建起的闽国大厦，至此轰然垮塌。

然而，福建的内乱还没有完全消弭。不久，李仁达宣布脱离南唐政权，奉表称藩于后晋。南唐自然不肯罢休，几路大军一路南下，会集于福州城下。眼看城池将破，李仁达又奉表向吴越求救。吴越军队从海上和陆路，日夜兼程赶往福州，与南唐军队在福州城外展开激战，尤以北郊一战最为惨烈，两军数万人捐躯，"战坂"也因此而得名。在击败南唐军队后，李仁达又与吴越戍将鲍修让发生矛盾，被鲍修让杀死。李仁达一死，福建也一分两半，福州属吴越，建州属南唐。这一局面直到北宋政权建立后才结束。

中国的几位太上皇

太上皇,顾名思义是皇帝的皇帝,这真是一个饶有意味的发明,因为实际上没有一个太上皇是心甘情愿当上的。中国历史上出现过几位太上皇,他们是唐高祖李渊、唐睿宗李旦、唐玄宗李隆基、宋徽宗赵佶、宋高宗赵构、宋孝宗赵昚和清高宗弘历(即乾隆)。他们之退居太上皇,各有其隐衷。

公元626年,即是唐王朝建立的第九年,李世民伏兵玄武门,把入朝的哥哥李建成、弟弟李元吉一齐杀掉。这时李渊正在皇宫内湖上泛舟,李世民的部队在尉迟敬德的带领下突然冲到面前,声称护驾。李渊才知道发生了兵变,两个儿子已经被杀。左右大臣也对他说:当此之际,只有册立李世民为太子,把国家政务委托给他,就不会再发生事端了。他明白如果还不识时务,等待他的将是什么。于是赶紧讨好地对尉迟敬德说:"很好,这是我向来的心愿。"尉迟敬德可不含糊,要求李渊马上下诏书,传位给李世民。李世民当然做梦都想当皇帝,但又不想由此背上逼宫篡位的千古罪名。李世民的谋士们便给他出了个好主意,尊奉李渊为太上皇。这称得上是一个双赢的结局,从此,李渊只管痛痛快快地玩乐,天下事则全交给李世民管理。

公元710年5月,唐中宗被韦后和安乐公主下药毒死,韦后专政。一个月后,临淄王李隆基率兵入京,杀掉韦后和安乐公主,同时将京城中的韦党和武党全部铲除。李隆基的父亲李旦登上帝位,是为睿宗。不过,大家都知道,睿宗实际上是为儿子占位子的。果然,仅仅两年后,睿宗就将帝位传给了太子李隆基,自称太上皇帝。

李隆基之为太上皇,更是因为一个既成事实。时逢安史之乱,叛军逼近长安,六十多岁的李隆基仓皇西逃。在逃跑途中,禁卫军哗变,杀死了宰相杨国忠,并要求处死杨贵妃。李隆基被迫答应了士兵们的要求,让高力士用绸带勒死了杨贵妃。李隆基不顾一路上老百姓的苦苦劝阻,只是一心想逃往四川,但他仍然不肯放弃皇帝宝座。忍无可忍的太子李亨只好奔向西北五百公里外的灵武,在那里宣布即位,领导全国抗战。同时根据祖宗先例,遥尊逃到成都的李隆基为太上皇。安史之乱平定后,李隆基回到长安,不得不承认这个既成事实。

公元1125年,金兵大举南下,并包围北宋都城汴京,金人伐宋的一条理由就是宋徽宗赵佶背盟毁约。而北宋满朝大臣竟愚蠢地认为非赵佶退位不足以平息金人的愤怒,于是逼迫赵佶传位太子赵恒。赵佶不住地悲叹:"金人欺人太甚!"忽然间昏厥,从龙床栽倒在地上。赵佶十分不情愿地成为太上皇。钦宗虽然继位,但金朝却并不因此收兵,继续攻城,结果父子皇帝双双被金兵俘虏,这就是历史上有名的"靖康之耻"。

宋高宗赵构退位当太上皇,表面上是因为找到了合适的接班人而让贤,实际上有说不出的苦衷。赵构没有亲生儿子,接班的孝宗是太祖赵匡胤的后裔,由于当年赵匡胤传位给弟弟赵光义,他的嫡系子孙没人当过皇帝,在朝野中常常会有这样的议论。赵构是徽宗的第九个儿子,本来是没有资格当皇帝的。因此,他内心深处时时怀有疑惧。杀害岳飞等一班功臣,便是这种疑惧的具体表现。而选择一位太祖后裔培养为太子以迎合民意,则更是疑惧的必然结果。于是,在金国大兵压境而满朝文武越来越倾向于太子时,他不得不选择了禅让。

最可笑的是孝宗皇帝,他在位二十六年无所作为。尽管他作出求贤若渴

的姿态，朝堂之上，让人敞开言论，可是对金人是和是战，他始终拿不定主意。当高宗去世，他借口守孝赶紧让位给儿子，自己也当了太上皇。但他这位儿子实在让他失望，居然把他远远地晾在一边。

相比之下，乾隆之禅让更带有几分喜剧色彩。乾隆当年继位时，曾经烧香祷告上天，如果自己能当六十年皇帝，就将皇位传给儿子，实际上就是想当一辈子皇帝。因为历史上，只有康熙一人当了六十一年皇帝，而康熙当皇帝的时候才八岁，享年六十九岁。而乾隆登基时已经二十五岁，他当然不敢提超越祖父的任期，只是他没有想到自己会这样长寿。现在轮到他犯愁了。他不敢违背自己的誓言，迫不得已在已当了六十年皇帝之后终于册立了太子，接着让太子于元旦登基继位。但是，他又当庭宣称，自己的身体很健康，耳不聋，眼不花，精力充沛，而且对国家大事一天不敢松懈。传位给太子以后，凡有军国大事以及用人、行政等大问题，自己仍要亲自过问，以便指教新皇帝。这哪里是退位，而是要当名副其实的太上皇。因为这时嘉庆皇帝也已年近不惑，早不是什么小孩子了。在乾隆当太上皇的四年中，嘉庆只是一个挂名的实习皇帝，主要工作就是陪同乾隆参加各种重要活动，一切事情仍然由太上皇做主。和珅每天都在太上皇身边侍候，而且作威作福，专权跋扈，一天甚过一天。嘉庆虽名为天子也只能忍气吞声，因为每逢有事要向太上皇报告，还得请和珅代为转达。和珅还推荐自己的老师吴省兰给嘉庆抄录诗稿，借此观察皇帝的动静。嘉庆当然有所感觉，只是隐忍不发，但心里头却恨得不行。难怪乾隆一死，嘉庆便立即拿依靠乾隆作威作福的和珅开刀，以消解心头郁结的怨气。